Die Ehe
Gabe und Aufgabe

Arturo Cattaneo
Mit Monika und Peter Lochner

Die Ehe
Gabe und Aufgabe

Impulse zur Vorbereitung
und zur ständigen Erneuerung

Arturo Cattaneo
Mit Monika und Peter Lochner

nova & vetera

Arturo Cattaneo
Die Ehe – Gabe und Aufgabe
Impulse zur Vorbereitung und zur ständigen Erneuerung

Bonn, verlag nova & vetera 2008
ISBN: 978-3-936741-58-2

© verlag nova & vetera, Bonn

Alle Rechte vorbehalten.

www.novaetvetera.de

Vorwort

von Kardinal Alfonso López Trujillo

Das Sakrament der Ehe ist sowohl für die Gesellschaft als auch in erster Linie für die Eheleute selbst von so großer Wichtigkeit, dass die Entscheidung zu heiraten nie dem Zufall überlassen werden darf. Wir leben zudem in einer Zeit, in der man einen fortschreitenden Zerfall der Familie und eine Abwertung des Ehelebens beobachten kann. In seiner Ansprache an die Vollversammlung des Rates für die Familie (4. Oktober 1991) sagte Papst Johannes Paul II. unter anderem folgendes: „Je größer die Schwierigkeiten sind, die die Umgebung für eine Anerkennung der Wahrheit des christlichen Ehesakraments und der Ehe als Institution bereitet, desto größer müssen auch die Anstrengungen sein, um die Eheleute in entsprechender Weise auf ihre verantwortungsvolle Aufgabe vorzubereiten."

Wir sehen uns hier vor eine große und sehr dringende seelsorgliche Aufgabe gestellt. Die Ehevorbereitung ist in der Tat ein ganz besonderer Bestandteil des Prozesses der Evangelisierung. Sie ist der Augenblick, indem die Fundamente einer neuen „Hauskirche" gelegt werden, die, wenn sie auf Felsen gebaut wird, zum Aufbau der Gesamtkirche beiträgt. Die Familie als Lebens- und Liebesgemeinschaft hat eine große Bedeutung für die Gesellschaft. Das Apostolische Schreiben *Über die Aufgaben der christlichen Familie in der Welt von heute* (*Familiaris consortio*) drückt das folgendermaßen aus: die Familie empfängt die Sendung „die Liebe zu behüten, zu offenbaren und mitzuteilen" (Nr. 7).

Daher wird jede Anstrengung, die zur Verbesserung der Ehevorbereitung unternommen wird, von der Kirche mit Freude begrüßt. Aber wie gerade die vorliegende Veröffentlichung zeigt, gibt es noch weitere Gründe sich zu freuen. Diese Publikation hält sich treu an die Lehre der Kirche über Ehe und Familie. Sie schafft es – geschickt und auf elegante Art und Weise – vor allem zwei weitere Aspekte der besonderen Natur des Ehesakraments miteinander zu vereinen, die alle Ehevorbereitungskurse auch berücksichtigen sollten: nämlich die Verbindung der menschlich-psychologischen und sozialen Seite mit der übernatürlichen und kirchlichen. Das Schreiben *Vorbereitung auf das Ehesakrament* des Päpstlichen Rates für die Familie (1996) sagt dazu unter anderem folgendes: „Für die Christen ist die Ehe, die ihren Ursprung in Gott hat, eine wirkliche Berufung zu einem besonderen Stand und einem Leben aus der Gnade. Diese Berufung benötigt, damit sie zu ihrer vollen Entfaltung gelangt, eine geeignete und besondere Vorbereitung. Diese Berufung ist ein besonderer Weg des Glaubens und der Liebe, und sie ist dem Ehepaar für das Gemeinwohl der Kirche und der Gesellschaft gegeben. Und dies mit der ganzen Bedeutung und Kraft eines öffentlichen Auftrags, den man vor Gott und vor der Gesellschaft auf sich nimmt, und der über die Grenzen des Einzelnen hinausgeht" (Nr. 9). Das hat zur Folge, dass die Vorbereitung der zukünftigen Eheleute sowohl das Heranreifen des persönlichen Glaubens als auch eine Vorbereitung auf das eheliche Leben beinhalten muss (vgl. *Familiaris consortio*, Nr. 66).

Die Ehe hat ihren Ursprung in der Schöpfung, und ihre Wesensmerkmale finden sich daher in der menschlichen Natur: Mann und Frau sind von Anfang an zur Lebensgemeinschaft und zur ehelichen Liebe berufen. So versteht man, dass durch das neue übernatürliche Leben in Christus – in das auch die Ehe mit eingeschlossen ist – jene menschlichen, psychologischen und sozialen Aspekte nicht nur ihre Wichtigkeit nicht verlieren, sondern einen tieferen Sinn finden. „Die Vorbereitung auf die Ehe", so erinnert das zitierte Dokument *Vorbereitung auf das Ehesakrament*, „ist ein besonderer und von der Vorsehung gewollter Moment für alle jene, die sich auf dieses Sakrament vorbereiten. Und es ist ein *Kairos*, das heißt eine Zeit, in der Gott die Verlobten befragt und ihnen zu einer Entscheidung für die Berufung zur Ehe und zu dem Leben, in das er sie einführt, verhilft. Die Verlobungszeit soll im Zusammenhang mit einem intensiven Prozess der Evangelisierung gesehen werden" (Nr. 2). Es lohnt sich daher zu betonen, sowie es in einem Kapitel dieses Buches heißt, dass „Christus uns lehrt, wie wir die ehelichen Pflichten in vollkommener Weise leben können."

Das vorliegende Buch kann auch eine wertvolle Hilfe für jene sein, die schon verheiratet sind. Die Ehe ist wirklich eine Berufung und zugleich eine Sendung. Sie verlangt eine kontinuierliche Fähigkeit zu lernen, sich anzupassen und sich zu ändern. So überwindet man die Schwierigkeiten und die Herausforderungen, die sicher nicht fehlen werden, und die jedes Eheleben mit sich bringt. In diesem Sinn hat das oben genannte Dokument *Vorbereitung auf das Ehesakrament* in seinem letzten Abschnitt gewünscht, „dass die jungen Ehepaare besonders in den ersten fünf Ehejahren durch Kurse für Verheiratete begleitet werden, die man in Pfarrgemeinden oder in Dekanaten" durchführen könnte.

Wir wünschen daher dieser Veröffentlichung, die auf die seelsorglichen Bedürfnisse in kompetenter, aktueller und adäquater Weise antwortet, eine weite Verbreitung zum Wohl vieler Ehepaare und Familien in der Kirche und in der Gesellschaft.

Alfonso Kard. López Trujillo
Präsident des Päpstlichen Rates für die Familie

Einführung

... und sie lebten glücklich zusammen – bis an ihr Lebensende. Es wäre geradezu märchenhaft, wenn jede Liebesgeschichte so enden würde. Doch die Erfahrung zeigt uns etwas Anderes. Viele Menschen wagen gar nicht erst, von einem Happyend zu träumen, geschweige denn zu heiraten.

Die geheimnisvolle Reise in das versprochene Land namens „Glück" ist keine bloße Glückssache. Jede Ehe wird sich zu dem entwickeln, was die Ehepartner Tag für Tag gemeinsam daraus machen.

Das Eheleben ist keine endgültige Situation, sondern eine ständige Entwicklung. Es ist eine nie versiegende Quelle von Impulsen des Reifens und des Wachsens. Wichtig ist es allerdings, die ständig neu auftretenden Schwierigkeiten überwinden zu lernen. Die Hochzeitsfeier ist ein einmaliges Erlebnis, das Eheleben ein ununterbrochener Prozess. Das eheliche Leben muss jeden Tag von neuem genährt und wiederentdeckt werden.

Die steigende Anzahl gescheiterter Ehen in unserer Gesellschaft ist besorgniserregend. Das allein macht schon die Wichtigkeit einer sorgfältigen Ehevorbereitung verständlich. Für diejenigen, die sich für ein priesterliches oder klösterliches Leben entscheiden, ist ein langjährige Zeit der Vorbereitung und Erwägung vorgesehen – und für die jungen Frauen und Männer, die heiraten? Ist ihre Entscheidung etwa weniger ernst? Oft dauert ein Ehevorbereitungskurs nur wenige Stunden. Wen wundert es also, dass die Gnade des Sakramentes unfruchtbar bleibt? Manchmal soll die Kirche nur einen romantischen Rahmen bieten, der bloß wegen einer Familientradition gewählt wird.

Die Ehe ist etwas sehr Ernstes, und unterscheidet sich z.B. wesentlich vom Kauf eines Hauses. Einmal abbezahlt, gehört einem das ganze Haus vom Keller bis zum Dach, inklusive Grundstück, Mauern und Garage. In der Ehe hingegen ist das Versprechen, das am Hochzeitstag gegeben wurde, nur der erste Stein eines Gebäudes, der erste Schritt auf dem Weg. Mit der ständigen Hilfe Gottes muss das Gebäude noch gebaut, der Weg noch begangen werden. So wird die Liebe zu einer täglichen Aufgabe, in guten und schlechten Zeiten, in Gesundheit und Krankheit, in freudigen und schmerzhaften Tagen. Sätze wie „Eine gute Ehe ist Schicksalssache" sind nicht gerechtfertigt.

Diese Seiten wurden als Hilfe für eine gute Vorbereitung geschrieben. Sie sollen dazu beitragen, Hoffnungen, Pläne und Wünsche Wirklichkeit werden zu lassen. Sie sollen dazu ermutigen, die kleinen und großen Schwierigkeiten zu überwinden. Es handelt sich – wie im Untertitel vermerkt – um Anregungen für Ehevorbereitungskurse. Die Themen des zweiten Teils könnten auch Denkanstöße für Kurse nach der Hochzeit liefern. Das Buch soll jedoch diese Kurse nicht ersetzen, sondern eine Hilfe bieten, um sie so intensiv und fruchtbar wie möglich zu gestalten. In den Kursen haben die Teilnehmer die Möglichkeit, einem Priester oder den Kursleitern persönliche Fragen zu stellen. So können verschiedene Punkte, die hier nur gestreift werden, vertieft und besser erklärt werden. Die Anregungen sind bewusst schematisch skizziert worden, um sie den jeweiligen sozialen und spirituellen Gegebenheiten der Teilnehmer einfacher anzupassen.

Arturo Cattaneo hat die theologischen, liturgischen und seelsorglichen Aspekte bearbeitet; das Ehepaar Lochner hat sich hingegen vor allem mit den Fragen der Sexualität und der Empfängnisregelung, des Ehelebens und der Erziehung beschäftigt. Um den Text flüssiger zu halten, haben wir die Zitate auf ein Minimum reduziert. In vielen Aspekten haben wir uns vom Hl. Josemaría Escrivá inspirieren lassen. Er ist ein bedeutender Vorläufer der Lehre des Zweiten Vatikanischen Konzils über den allgemeinen Ruf zur Heiligkeit und über die Ehe als eine christliche Berufung und ein Weg der Heiligung.

I. Ehevorbereitung

1. Die menschliche Liebe

„Wir lieben uns und verdienen genug, um unabhängig zu sein. Was fehlt uns noch, um zu heiraten?" Diejenigen, die so argumentieren, sollte man zuerst fragen, was sie unter der Aussage „Wir lieben uns" eigentlich verstehen.

Der Begriff „Liebe" wird sehr oft verwendet und oft auch missbraucht; das Wort Liebe ist leider stark abgegriffen. Man spricht von der Liebe zwischen Verlobten oder Eheleuten, aber auch von „sich lieben", auf das rein Körperliche reduziert. Das wäre ein Zerrbild der wirklichen Liebe. Wer sich auf die Ehe vorbereitet, sollte sich zuallererst über die menschliche Liebe und über die Fülle der ehelichen Liebe Gedanken machen.

a. Die Liebe als Gefühl

Die Verliebtheit beginnt als ein angenehmes Gefühl; zwei Menschen fühlen sich von äußerer Schönheit und Sympathie angezogen. Man lernt sich näher kennen und schätzt sich immer mehr; es entsteht der Wunsch, sich noch besser kennen zu lernen und mehr beisammen zu sein. Dieses Gefühl ist spontan, nicht vom Willen gelenkt. Niemand „beschließt", jemanden zu lieben, sondern man empfindet – ohne genau zu wissen warum – für jemanden Zuneigung. Das ist nicht nur auf das anziehende Äußere und das sympathische Verhalten des anderen zurückzuführen, sondern auch auf das wachsende gegenseitige Verständnis.

Der Mensch „erleidet" diese Liebe; wegen ihres hauptsächlich passiven Charakters wird sie auch „leidenschaftliche Liebe" genannt. Doch auch wenn sie oft als heftig erlebt wird, bleibt sie ein Gefühl und ist somit verschiedenen Unsicherheitsfaktoren unterworfen. Diese Phase ist jedoch wichtig und nötig, ebenso wie eine gewisse Idealisierung des Partners. Seine realen Fähigkeiten erscheinen in einem wunderbaren Licht; das gegenseitige Kennenlernen von Mann und Frau steht dabei noch ganz am Anfang – auf einer Ebene, die noch weitgehend durch Gefühle bestimmt ist.

b. Die Liebe als Hingabe

Die gefühlsmäßige Liebe strebt nach der Fülle, die jede Liebe verspricht. In jedem Menschen schlummert – mehr oder weniger bewusst – das Verlangen nach einer dauernden, ausschließlichen Liebe. Nur der ganze Mensch mit Leib und Seele ist zu einer solchen Liebe fähig. Die Liebe besteht aus Nehmen und Geben. Aber nur im Geben erreicht sie ihre ganze Erfüllung. Diese Liebe ist unbezahlbar, sie kennt keine Bedingungen. Diese Stufen der Liebe können nur durch die gegenseitige und vollständige Hingabe erreicht werden, die nicht mit der körperlichen Hingabe verwechselt werden darf.

So könnten die Liebenden über ihre Wünsche sprechen:

A: „Ich liebe dich so sehr, dass ich dir das Schönste schenken möchte, was ich besitze."

B: „Aber das beste Geschenk, das du mir machen kannst, bist du selbst."

A: „Dann will ich dir dieses Geschenk machen; ich schenke dir mein Leben, alles, was ich bin."

B: „Und das gleiche will ich für dich tun. Mein ganzes Leben lang werde ich dir allein gehören."

Dieses Gespräch ist typisch für Verliebte. Sie erfassen jedoch oft nicht die Tragweite ihrer Aussagen; ihre Worte sind Ausdruck des Augenblicks, des leidenschaftlichen Gefühls. Wörtlich genommen entspricht dieser Dialog dem Kern der hingebenden Liebe. Diese Liebe möchte für ihr Gegenüber nur das Gute, das reale und konkrete Gute, nicht bloß romantische Gefühle. Die eheliche Liebe sollte ein solcher Akt der Hingabe sein; sie bedeutet, sich dem anderen ohne jegliche Vorbehalte zu schenken. Sie ist nicht nur Lust oder Gefühl. Sie bedeutet, dem anderen alles zu geben, was er sich wünscht und was er braucht, und nicht nur das, was wir ihm zu geben wünschen oder als solches für nötig halten. Die tiefe und dauernde Freude erwächst aus dem Verständnis der wirklichen Liebe. Sie entsteht aus der vorbehaltlosen Hingabe, die nicht von egoistischen Interessen bestimmt wird.

Wie kann man den Kern dieser Überlegungen noch besser und tiefer erfassen?

Wir leben in einer Gesellschaft, die zum Individualismus, zur Egozentrik und zum Nützlichkeitsdenken neigt. Papst Johannes Paul II. hat sie beschrieben als eine „Zivilisation der Dinge und nicht der Personen, eine Zivilisation, in der von Personen wie von Dingen Gebrauch gemacht wird. Im Zusammenhang mit der Zivilisation des Genusses kann die Frau für den Mann zu einem Objekt werden, die Kinder zu einem Hindernis für die Eltern, die Familie zu einer hemmenden Einrichtung für die Freiheit der Mitglieder, die sie bilden." (Johannes Paul II., *Brief an die Familien*, Nr. 13).

Eine Person wird besser, d.h. heiliger, je mehr sie liebt, sich hingibt und sich zum Geschenk macht. Das Besserwerden der Person wirkt sich auch auf die Beziehung aus. So wird verständlich, dass das Glück eines Ehepaares durch die gegenseitige vorbehaltlose Hingabe von Mann und Frau wächst.

c. Die eheliche Liebe: eine Liebe, die den ganzen Menschen mit einbindet

Die Größe und die Würde des Menschen zeigen sich in seiner Fähigkeit, seine Triebe und Gefühle durch seine geistigen Gaben – seinen Verstand und seinen Willen – zu verstehen und zu lenken, indem er für sich und seinen Nächsten nur das Beste will.

Die eheliche Liebe sollte eine Liebe sein, die sich schenkt. Die Ehepartner haben sich bewusst und freiwillig dazu entschieden, sich einander zu schenken und den anderen so anzunehmen und zu lieben, wie er ist, mit dem Ziel, eine Familie zu gründen. Nur eine Ehe, die auf einer vorbehaltlos schenkenden Liebe gründet, lässt ein dauerhaftes Familienleben entstehen. Die Schwierigkeiten werden zwar nie fehlen, und jeder wird kleinere und größere Opfer bringen müssen; aus Liebe angenommen, werden diese aber zu einer Quelle der Freude.

„Sich lieben bedeutet nicht, das Bett zu teilen, sondern jeden Morgen von eben diesem Bett gemeinsam aufzustehen und zusammen die Freuden und Probleme des täglichen Lebens anzupacken." Das sind etwa die Worte, mit denen Henry Fonda in dem Film „Treffpunkt unter dem Bett" seiner ältesten Tochter die Bedeutung der Liebe erklärt.

Die körperliche Vereinigung sollte die Krönung der vollkommenen Einheit sein. Doch sollte die Einheit der Gefühlswelt und des Herzens, die Einheit des Geistes und des Lebens der körperlichen Vereinigung vorausgehen. Wer diese Reihenfolge umkehrt und die körperliche Vereinigung vorzieht, wird sich nur in Verwirrungen verstricken. Wie leicht erwacht einer der Partner mit dem Eindruck, „gebraucht", zum Objekt der Lust des anderen geworden zu sein. Nach solchen „Liebeserlebnissen" bleiben Einsamkeit, Traurigkeit und Melancholie zurück. Statt gemeinsam etwas aufzubauen, wurde man vom anderen gebraucht – missbraucht. Die sexuelle Vereinigung kann jedoch voller Schönheit, Erfüllung und Freude sein, wenn sie die Einheit der Lebensgemeinschaft der beiden Ehepartner ausdrückt und vervollständigt.

Die Kirche bezieht sich auf das Naturgesetz, wenn sie folgendes bestätigt: „Die leibliche Vereinigung ist nur dann moralisch zu rechtfertigen, wenn zwischen dem Mann und der Frau eine endgültige Lebensgemeinschaft gegründet worden ist." (*Katechismus der Katholischen Kirche*, Nr. 2391). Gleichermaßen erinnert die Kirche uns daran, dass „die leibliche Ganzhingabe eine Lüge wäre, wenn sie nicht Zeichen und Frucht personaler Ganzhingabe wäre, welche die ganze Person, auch in ihrer zeitlichen Dimension, mit einschließt" (*Familiaris consortio*, Nr. 11).

Die Ehepartner können lernen, sich als Ehe-Frau und Ehe-Mann zu lieben; und so gelangen sie zur wahren und vollen ehelichen Liebe, die nicht nur Sexualität, Zuneigung oder Bewunderung ist. Diese Liebe entspringt der persönlichen Hingabe und mündet in ein gegenseitiges und vorbehaltloses Geschenk seiner selbst: in eine treue, dauerhafte und fruchtbare Lebensgemeinschaft.

Ist das schwierig? Ja, ohne Zweifel, aber auch spannend und eine Quelle wahrhaftiger Freude. Der Mensch, von Gott aus Liebe geschaffen, ist zur Liebe berufen und „kann sich selbst nur durch die aufrichtige Hingabe seiner selbst vollkommen finden" (*Gaudium et spes*, Nr. 24). Er ist ein „Sein für die Liebe."

Alles, was in den folgenden Kapiteln dargelegt wird, folgt aus dieser Grundwahrheit. Zunächst möchten wir kurz darstellen, was eigentlich die wirkliche Ehe ausmacht, und den Unterschied zu der sogenannten „freien Liebe" aufzeigen.

d. Freie Liebe und Ehe

Zwischen „Ehepartner" und „Freund" besteht ein riesiger Unterschied. Das am Hochzeitstag gegebene Jawort ist nicht einfach ein besonderer Höhepunkt in der Liebesgeschichte eines Mannes und einer Frau, sondern die einzige und unwiederholbare Handlung, die sie zu Ehegatten macht, zu definitiven Schuldnern gegenseitiger Liebe. Es ist genau dieses Band, das den Unterschied zwischen Liebhaber und Ehepartner ausmacht, den Unterschied zwischen austauschbarem Zusammenleben und Ehegemeinschaft, zwischen dem biologischen Kinderkriegen und der Bildung einer Familie.

Mit der Hochzeit wird der Bräutigam – weil er will – zum Ehemann seiner Frau, die ebenso – weil sie will – die Ehefrau ihres Mannes wird. Von diesem Augenblick an gehören sich die Verheirateten gegenseitig. Zwischen ihnen besteht eine gegenseitige Zugehörigkeit, die immer die Quelle ihrer Liebe und Fruchtbarkeit ist. Sie sind nicht mehr ein Mann und eine Frau, sondern Verheiratete, ein Paar, „ein Fleisch" (Gen 2,24 und Mt 19,6). Sie haben sich in Freiheit entschieden, ihre ursprünglich unverbindliche Liebe in eine ewige Bindung aus Liebe umzuwandeln. Mit dem gegenseitigen „Ja" zur Ehe wollen sie nicht einfach ein gemeinsames Leben vereinbaren, sondern eine loyale Ehegemeinschaft bilden. Dieses Band ist sicherlich ein Band der Liebe, aber auch der gegenseitig geschuldeten Gerechtigkeit. Sich gegenseitig zu gehören und sich einander zu schenken heißt jedoch nicht, den möglichen Launen des andern sklavenhaft unterworfen zu sein.

Sich dem anderen schenken: Was heißt das? Es bedeutet, die eigene Freiheit zum persönlichen Wohl und zum Glück des anderen einzusetzen, was wiederum eine entsprechende Antwort verlangt. Jeder der beiden trägt zum Glück des anderen bei. Jeder kann und muss sich fragen, wie viel er zum Glück des anderen beiträgt und wo er das Glück des anderen schmälert. Das heißt nichts anderes als das Glück des anderen zu suchen, in einer Bindung aus Liebe.

Im Gegensatz dazu ist die „freie Liebe" – auch wenn sie häufig Anklang findet – nichts anderes als die unmögliche Vereinigung zweier Illusionen: einerseits ohne Verpflichtung frei zu sein und andererseits in voller Hingabe wahrhaftig zu lieben. Warum ist es unmöglich, sich ohne Verpflichtung und in „Freiheit" zu lieben? Eine Freiheit, die nicht auf Wahrheit gründet, ist keine wahre Freiheit. Wie wir erläutert haben, bedeutet wahre Liebe Hingabe. Der Widerspruch wird klar: Wie soll man von einer „Liebe, frei von Verpflichtungen" sprechen, wenn Liebe Hingabe sein soll? In dem Ausdruck „freie Liebe" werden die Bedeutungen der beiden Worte „Freiheit" und „Liebe" vergessen, wodurch ihr eigentlicher Sinn verloren geht.

Das Zusammenleben eines unverheirateten Paares ist heute fast üblich geworden, es bleibt jedoch eine ungeregelte Situation. Dadurch kann die Hochzeit auf eine bloß rechtliche Handlung oder auf eine sympathische feierliche Tradition reduziert werden. Und oft ist dann die Hochzeit eine sehr oberflächliche Handlung.

„Es scheint bisweilen so zu sein, dass unter allen Umständen versucht wird, Situationen, die tatsächlich *irregulär* sind, als *regulär* und anziehend darzustellen, indem man ihnen den äußeren Anschein eines verlockenden Zaubers verleiht; sie widersprechen tatsächlich der

‚Wahrheit und der Liebe', welche die gegenseitige Beziehung zwischen Männern und Frauen inspirieren sollen, und sind daher Anlass für Spannungen und Trennungen in den Familien, mit schwerwiegenden Folgen besonders für die Kinder" (Johannes Paul II., *Brief an die Familien*, Nr. 5).

Unsere Kultur versucht immer wieder krampfhaft, die Freiheit als Freisein von jeglicher dauerhaften Bindung und Verpflichtung darzustellen. In einem solchen Klima – fast dauerhafter Selbstrechtfertigung – ist der Sinn ehelicher Bindung und einer Hingabe aus Liebe schwer zu verstehen.

Wer vor Verpflichtungen flieht, meint seine Freiheit zu bewahren, doch er täuscht sich. Diese Haltung, die auf den ersten Blick „frei" zu machen scheint, macht uns paradoxerweise zu Sklaven unserer Angst vor einer Bindung; man versucht krampfhaft, jede persönliche Bindung zu vermeiden. Natürlich ist jeder frei, sich nie zu binden. Diese ungebundene Freiheit bleibt jedoch unfruchtbar; sie hält nicht, was sie verspricht. Und gerade in der Entscheidung für eine bestimmte Bindung verwirklicht der Mensch sich selbst und findet die Möglichkeit zur Entfaltung seiner Persönlichkeit. Der Weg zum Glück führt über die frei gewählte Bindung.

Wenn wir unseren Lebensweg durch den Zeitgeist bestimmen lassen, dann verlieren wir auch unsere Freiheit. Wer unfähig ist, sich in einer Bindung zu verschenken, ist und bleibt unreif und wird durch Vergängliches und die Launen des Augenblicks beherrscht. Eine entsprechende literarische Symbolfigur ist der „Don Juan", der bis zu seinem Tode verzweifelt vor jeglicher Bindung flieht.

2. Die Zeit der Verlobung: eine kostbare Zeit

Nach den bisherigen Überlegungen versteht man sehr gut, wie entscheidend die Zeit der Verlobung für eine gesunde und dauerhafte Ehe ist. Es gibt verschiedene Gründe, die die Verlobungszeit kostbar machen. Daher ist es wichtig, diese Zeit mit großer Verantwortung zu leben.

a. Die Verlobungszeit verantwortungsvoll leben

Die Zeit der Verlobung hat in der westlichen Welt an Bedeutung verloren. Wer verlobt sich überhaupt noch? Wie viele wissen, was die Verlobungszeit sein soll? Warum soll man sich eigentlich verloben? Verloben – was ist denn das? „Verlobte", „Verlobter" sind Worte, die aus der Sprache verschwinden und durch „Freundin und Freund" oder „Partnerin und Partner" ersetzt werden. Die Konsequenzen sind klar zu sehen: Eine wichtige Etappe im Reifen der Liebe eines Paares geht verloren. Die Zeit zwischen dem unverbindlichen Zusammensein und dem eigentlichen Eheversprechen geht schnell vorbei, ohne dass die Partner das bewusst erleben können.

Der Wert der Verlobungszeit sollte neu entdeckt und erschlossen werden. Sie ist eine besonders wichtige Zeit, in der die Grundlage für den Aufbau einer dauerhaften Zukunft geschaffen wird, und sich ebenfalls der Entschluss festigen kann, diese bestimmte Person zu heiraten. Die Verlobungszeit darf nicht zu einer Hochzeitsvorbereitung reduziert werden. Es geht auch nicht nur um ein bloßes Warten, bis endlich der Hochzeitstag da ist.

Zusammen wird der Hafen der Ehe angesteuert. Diese gemeinsame Fahrt in die gemeinsame Zukunft ist ein herrliches, wertvolles Abenteuer. Beide müssen sich Mühe geben und ihren Teil beitragen, um das Schiff zu steuern und richtig zu führen. So viele Tugenden werden trainiert; es ist eine Zeit intensiven inneren Wachsens. Nicht nur die äußere Pflege macht attraktiv, nein, auch die Eigenschaften der Seele sollen auf Hochglanz poliert werden. Die gegenseitige tiefe Aufrichtigkeit fördert das Vertrauen. Vertrauen verhilft zu mehr Verständnis und Geduld; die Freundschaft nimmt neue Dimensionen an und reift zu einer lebenslangen Partnerschaft heran.

So kann die gemeinsam verbrachte Zeit intensiv genutzt werden. Gespräche sollen vertieft, „heikle" Themen angepackt und ausdiskutiert werden – dies in einem warmen, vertrauensvollen Klima. Jeder muss erfahren, dass er vom anderen angenommen wird, so wie er ist – ohne Maske, ohne Schauspiel. Schon jetzt wird es Gelegenheiten geben, über unterschiedliche Auffassungen zu diskutieren – schade, wenn diese Chancen des Gesprächstrainings ungenutzt blieben. Ja, auch das Streiten will gelernt sein! Man muss seine eigene Meinung vertreten können, ohne den anderen zu verletzen – aber auch nachgeben können –, indem man sich gegenseitig weiterhilft und besser versteht. Können beide nachgeben? Können beide ihre Meinung vertreten? Hört jeder auf den anderen – oder lieber nur auf sich selbst? Also ist diese Zeit vor allem auch ein Zuhör-Training!

Jeder macht Fehler. Wie kann man dem anderen verzeihen? Kann man Fehler vergeben und auch vergessen? Eigene Fehler zu sehen, anzunehmen und sich zu verbessern, verlangt viel Geduld und Ausdauer. Wenn der eine dem anderen hilft, können diese Prozesse des gegenseitiges Erbauens schon jetzt trainiert werden. So lernt man sich nicht nur äußerlich kennen. Es ist ja vor allem wichtig, Charakter und Wesensart, Ideale und Vorstellungen des anderen zu kennen, zu schätzen und zu lieben. Man kann lernen, auch die weniger angenehmen Seiten des anderen zu akzeptieren und verständnisvoll auf sie zu reagieren.

Die Verlobungszeit ist aber auch eine besondere Zeit der Gnade. Sie ist eine Zeit des inneren Wachsens und Reifens. Die Verlobten können entdecken, dass die Vorsehung Gottes über ihrem Vorhaben steht. Gott hat sie zusammengeführt; er hilft jedem Einzelnen weiter. Welch wichtige Zeit des Betens, um den Willen Gottes immer tiefer zu erkennen. Dadurch wird die gegenseitige Liebe kräftiger und reifer.

Die Verlobungszeit bietet Gelegenheit, gemeinsame Werte nicht nur theoretisch zu diskutieren, sondern auch in Tat und Wahrheit zu leben, wie zum Beispiel: „Ich will dir schon jetzt treu sein; also meide ich jede Gelegenheit, die auch nur einen Gedanken möglicher Untreue in dir wecken könnte." „Wir haben gestritten – und uns wieder versöhnt –

und uns vorgenommen, noch besser auf einander zu hören, auf einander einzugehen, mehr Verständnis zu haben." „Wir wollen mit dem Intimverkehr bis zur Ehe warten, also gehen wir Versuchungen aus dem Wege, meiden gewisse Situationen und lassen uns nicht von der Umgebung beeinflussen." „Meine Verlobte, mein Verlobter ist krank oder kann mich zu jenem Ausflug nicht begleiten, also verzichte auch ich darauf."

Die Liste der Möglichkeiten, verschiedene Tugenden zu leben und zu trainieren, ist lang, und es gibt sicher noch treffendere Beispiele; jeder möge sie selbst suchen!

Die Verlobungszeit ist also ein Weg, der die Verlobten dazu führt, an ihrem Hochzeitstag ein freies, bewusstes und entschlossenes „Ja" zueinander aussprechen zu können.

Ferien zu zweit – wäre dies nicht eine ideale Gelegenheit, um sich besser kennen zu lernen und das oben Erwähnte zu üben?

Die Verlobung verantwortungsvoll zu leben bedeutet auch, dass man nichts von dem vorwegnimmt, was dem Eheleben vorbehalten ist. So sind die Reisen zu zweit wunderschön, wenn man verheiratet ist. Sonst geschieht es nicht selten, dass daraus eine Hochzeitsreise wird. Von den Zärtlichkeiten zum ehelichen Verkehr ist der Weg so kurz. Die spontane und gemütliche Lebensweise der Urlaubszeit, das tagtägliche Beisammensein und nicht zuletzt das Verhalten der anderen begünstigen die Versuchungen umso mehr.

In einem Ehevorbereitungskurs können diese menschlichen und übernatürlichen Aspekte der Verlobungszeit erkannt und vertieft werden. Wir empfehlen allen dringend, sich die Zeit für eine entsprechende Vorbereitung zu nehmen. Es handelt sich ja um die Vorbereitung auf das Leben zu zweit – für den Rest des Lebens.

Wer kirchlich heiraten will, muss die Trauung beim Pfarrer seiner Heimatgemeinde anmelden. In einem Brautgespräch mit dem Seelsorger spricht man über die notwendigen Formalitäten, aber vor allem auch über den Sinn und das Ziel der christlichen Ehe. Liegt ein Ehehindernis vor? Versteht das Paar, was die christliche Ehe bedeutet? Das

Brautgespräch ist eine gute Möglichkeit, nochmals verschiedene Fragen aufzugreifen und mit neuer Tiefe zu beantworten.

b. Wie lange soll die Verlobung dauern?

Welches Alter ist das richtige für die Eheschließung? Wie lange sollte ein Paar vor der Ehe verlobt sein? Wann sollte eine Verlobung aufgelöst werden?

Das Heiratsalter hat sich im Laufe der Zeit verschoben. Zum Teil ist das der Länge der beruflichen Ausbildung zuzuschreiben. Es gibt jedoch auch andere Gründe, weshalb viele die Eheschließung aufschieben. So gibt es vernünftige Gründe, wie z.B. der Wunsch, reifer zu werden, sich gegenseitig besser kennen zu lernen, sich selbst bewusst zu prüfen. Oder beide wünschen sich ein Minimum an finanzieller Sicherheit und Unabhängigkeit. Oft jedoch sind es ganz andere Beweggründe: eine pessimistische Einstellung zur Ehe und zum Leben; die Angst sich zu binden statt „frei" zu bleiben und die „Jugend zu genießen"; der Zweifel, ob der andere auch in Zukunft so liebenswürdig und aufmerksam sein und bleiben wird.

Es gibt nicht das optimale Heiratsalter für alle Menschen. Wichtig ist, dass zwei Menschen zueinander gefunden haben, die als Persönlichkeiten reif genug für eine verantwortungsvolle Entscheidung sind. So gibt es Frauen und Männer, die sich schon in relativ jungen Jahren binden wollen und können, während andere auch in ihrem vierten oder fünften Lebensjahrzehnt noch einen ziemlich unentschlossenen, wankelmütigen Eindruck erwecken. Eine Erziehung in der Familie, die die Eigenständigkeit der Persönlichkeit fördert und die Verantwortung in den Bereichen der Berufswahl und der Lebensgestaltung rechtzeitig den Kindern und Jugendlichen überträgt, hilft ihnen auch, eine Bindung in der Ehe bewusst zu wählen.

Viele nennen heute auch wirtschaftliche Probleme, die ihnen die Entscheidung für die Ehe erschweren: die Unsicherheit der beruflichen Zukunft, das Risiko finanzieller Probleme. Diese Lebenseinstellung, die für alle weiteren Situationen nach einer vollkommenen Absicherung sucht und vorwiegend die späteren Probleme fürchtet, widerspricht auch der christlichen Hoffnung und Zuversicht. Gott hat uns das Leben geschenkt, er will, dass wir in der Ehe leben und das Leben weitergeben und begleitet uns alle mit seiner Liebe und Fürsorge.

Die Dauer der Verlobungszeit ist sicherlich von den verschiedensten Umständen abhängig. Früher waren es oft zwei oder drei Jahre; auch heute warten viele lange bis zur Hochzeit, weil die Ausbildung, das Studium oder andere Gegebenheiten dafür sprechen. Es ist gut, wenn sich die Verlobten in dieser Frage ganz frei entscheiden können, aber ein übermäßiges Warten und Zögern scheint nicht angebracht zu sein.

Eine Verlobung kann und darf aufgelöst werden. Kommen die Verlobten zu der Überzeugung, dass sie sich in einem Moment von Illusion und Übereifer verlobt haben, sollten sie keine Hemmungen haben, die Verlobung wieder aufzulösen. Sollten sich triftige Gründe zeigen, die einer Heirat entgegenstehen, ist es klug und richtig, zur eigenen Entscheidung zu stehen – ohne Angst vor der Meinung anderer.

Und wenn ein Kind unterwegs ist? Auch eine Schwangerschaft ist kein zwingender Grund zum Heiraten! Gerade in diesem Fall sollte eine Heirat sorgfältig überdacht werden. Ein ausführliches Gespräch mit einem erfahrenen Seelsorger kann sicher weiterhelfen und zu einer guten Entscheidung führen.

c. Wie kann man ein „Nein" gegenüber vorehelichen Beziehungen begründen?

„Nein" sagen können ist nicht nur möglich, sondern eine Pflicht. „Nein" zu sagen aus Liebe, liebevoll „nein" zu sagen angesichts einer Forderung übt Zauber auf den Partner aus und knüpft die Banden stärker als ein „Ja" aus Egoismus, Willensschwäche oder Angst, den Partner zu verlieren.

Ein junger Mann erlebt die Sexualität anders als eine junge Frau. Sie muss sich darüber im Klaren sein, dass sie mit einem tiefen Ausschnitt und aufreizender Kleidung seine Reaktionen provoziert, und sie darf sich nicht wundern, wenn er dieses Verhalten als Aufforderung betrachtet, möglichst bald mit sexuellen Beziehungen zu beginnen.

Schamhaftigkeit ist nicht modern, aber ein großer Schutz der Intimität. Kleider schützen den Körper und stellen ihn nicht zur Schau. Wertvolles darf und muss geschützt werden. Der Körper ist der Tempel des Heiligen Geistes (1 Kor 6,19) – wie wichtig ist es, sich dessen immer und überall bewusst zu sein.

Einige fragen: „Warum sollen wir warten? Warum sollten wir nicht das Recht dazu haben? Aus welchem Grunde muss uns heute vorenthalten werden, was morgen, nach der Hochzeitsfeier vor dem Altar ein großes und heiliges Ereignis ist? Wie kann ein so grundlegendes und tiefes Erlebnis der Liebe auf Eis gelegt werden?"

Die Antwort auf die Frage, warum sie nicht das Recht dazu haben, obwohl sie sich doch lieben und zur Ehe entschlossen sind, ist einfach. Ihre Zusammengehörigkeit ist noch nicht vollständig. Das Eindringenwollen in die Intimsphäre des Körpers eines Partners ist demzufolge ungerecht, eine Art Diebstahl. Schon zu Beginn in der Genesis (Gen 2.24) wird die Reihenfolge klar beschrieben: Der Mann verlässt Vater und Mutter (Abschied vom Elternhaus, Eigenständigkeit), er bindet sich an seine Frau (Sakrament der Ehe), und sie werden ein Fleisch (ehelicher Verkehr). Wer mit dem Segen Gottes heiraten will und auf seine Hilfe für das kommende Ehe- und Familienleben zählt, sollte sich schon vorher an seine „Spielregeln" halten.

Andere sagen: „Ich kaufe doch nicht die Katze im Sack. Wer weiß, ob wir überhaupt zusammen passen, auch körperlich?" Hierzu wäre folgendes zu sagen: Einen Menschen darf man nie ausprobieren wie eine Sache. Echte Liebe verlangt alles und gibt alles. So wie man das Leben nicht ausprobieren kann, gibt es auch keine Liebe zum Ausprobieren! Papst Johannes Paul II. hat bei seiner Predigt in Köln am 15. November 1980 gesagt: „Man kann nicht nur auf Probe leben, man kann nicht nur auf Probe sterben. Man kann nicht nur auf Probe lieben, nur auf Probe und Zeit einen Menschen annehmen."

Die sexuelle Vereinigung von Mann und Frau ist etwas Wunderbares und muss mit Verantwortung gelebt werden. Verhaltensbiologie und Psychologie wissen, dass tiefe, entscheidende Prägungen vor allem in den ersten sexuellen Erlebnissen stattfinden. Diese Binde-Prägung ist sinnvoll und gut. Sie verhilft zu Dauerhaftigkeit und Stabilität in der Ehe. So kann man verstehen, warum frühe sexuelle Erlebnisse und wechselnde Partner mit steigenden Scheidungszahlen einhergehen. Wer um die Tiefe der sexuellen Erlebnisse weiß, wird sich seinem Partner gegenüber behutsamer und mit mehr Verantwortungsbewusstsein verhalten. Das heißt konkret, zurückhaltend zu sein und aus Liebe zum anderen verzichten und warten zu können.

Gründe für nicht funktionierende Ehen sind selten im sexuellen Bereich zu suchen, sondern vielmehr in charakterlicher und seelischer Unreife, in ungenügend tiefer Vorbereitung auf das gemeinsame Eheleben. Selbst ein oberflächlicher Mensch wird nie zu behaupten wagen, dass voreheliche Beziehungen Zeugnis charakterlicher Stärke sind. Der Weg zur Ehe verlangt Opfer und Verzicht und Selbstüberwindung; und gerade sie sind es, die der ersehnten Begegnung eine wirksame Spannung und eine Fülle an Gefühlen verliehen. Das ist der Weg zum Glück der Partner und zur gegenseitigen Treue.

Wieder andere sagen: „Wenn du mich liebst, beweise es mir." Der Geschlechtsverkehr wird als „Liebeserweis" erwartet. Geschlechtliche Beziehungen beweisen aber nichts. Die Bedingungen zweier Verlobten, die sich einander hingeben, sind nicht dieselben wie die eines verheirateten Paares. Erst das gegenseitige freie „Ja" am Hochzeitstag verbindet die Verlobten endgültig und rechtlich miteinander. Und obwohl sich die körperliche Vereinigung von Verlobten und Eheleuten äußerlich nicht unterscheidet, ist sie von Grund auf verschieden.

Die Erfahrung zeigt, dass viele Paare die innige Verständigung in ihrem ehelichen Liebesleben erst nach einiger Zeit erfahren. Und trotz der Möglichkeit von wiederholtem vorehelichem Geschlechtsverkehr rechtfertigt dies die Gleichstellung von bloßem Zusammenleben und sakramentaler Ehe nicht. Die Beziehung zwischen unverheirateten Verliebten wird nie das sein, was die Hingabe zwischen Eheleuten ist, nämlich die Bindung: „Nur Du – und Du für immer".

Muss die Liebe unter Beweis gestellt werden? Wächst etwa das Vertrauen zueinander durch gegenseitiges Erproben? Einen Menschen zu testen bedeutet, ihn zu einem Versuchsobjekt zu erniedrigen. Die Wirklichkeit des Lebens jedoch ist herrlich, von ungemeiner Bedeutung, ja einzigartig und unwiederholbar. Daher wird die Ehe nicht erprobt, sondern mit Verantwortungssinn gelebt.

Auf die Frage „Liebst du mich denn nicht genug, um mit mir zu schlafen?", muss man den Mut aufbringen, zu antworten: „Gewiss, ich liebe dich genug, um mit dir eine Ehe einzugehen. Doch heiraten heißt nicht nur, zusammen zu schlafen, sondern auch zusammen zu essen, zu leben, zu reifen, Kinder zu haben, sie zu erziehen, ihnen Geborgenheit und Stabilität zu geben. Ich möchte für dich da sein in guten und in schlechten Tagen. Selbst wenn du mich nicht ganz verstehen kannst, liebst du mich wenigstens genug, um meinen Wunsch zu respektieren und bis zur Ehe zu warten?"

Und wenn ein Paar die Grenzen überschritten hat und dann ein Kind erwartet? Das gemeinsame Kind hat doch das Recht auf Eltern und eine Familie? Was dann? Jedenfalls muss die Entscheidung für das Kind von der Entscheidung für die Ehe unterschieden werden. Manchmal hilft das Kind eine längst überfällige endgültige Bindung in der Ehe einzugehen. Aber oft schafft eine Hochzeit unter dem Druck der Zeit und der Umstände viele neue Probleme. Wenn die Freiheit der Entscheidung fehlt, dann kommt es gar nicht zu einer gültigen Ehe. Es gibt Paare, die in der Verantwortung für das Kind im Laufe der Jahre auch zur Ehe finden, aber es gibt auch Paare, die sehr schnell oder allmählich entdecken, dass die Gemeinsamkeiten nicht für eine Ehe ausreichen. Dann sollten sie sich trennen, obwohl ein Kind da ist.

Die Verlobungszeit bestimmt das spätere Eheleben. Der Anfang der Ehe ist einmalig und unwiederholbar. Jedem Anfang wohnt ein Zauber inne. Wie schön ist es, diesen zu erfahren und aus diesem Zauber die Kraft für einen guten Beginn zu schaffen. Nur wer die Liebe ernst nimmt, wird das wahre Glück finden – das ganze Leben lang.

3. Heiraten heißt „Ja" sagen ...

Wir haben gesehen, was der Wesenskern der ehelichen Liebe ist. Wenn wir nun tiefer erfassen wollen, was heiraten bedeutet, müssen wir an die drei Grundelemente der Ehe erinnern: Die Ausschließlichkeit, die Unauflöslichkeit und die Fruchtbarkeit. Sie bilden das Rückgrat der Ehe. Wer bei der Hochzeit eines dieser Elemente ausschließt, geht eine Scheinehe ein, die ungültig ist und sich nicht entfalten wird.

Gott hat die Menschen als Frau und als Mann, als geschlechtliche, d.h. nicht als neutrale Wesen erschaffen. Die Ehe entspricht dem Urplan Gottes. Die Ehe ist keine Erfindung des Menschen und kann darum auch nicht beliebigen Wünschen angepasst werden. Der Mensch kann immer frei entscheiden, ob und wen er heiraten will. Den Sinn der Ehe kann und darf er jedoch nicht verändern.

a. ... zu einer treuen Liebe (Ausschließlichkeit der Ehe)

Die Ehegatten „sind nicht mehr zwei, sondern eins" (Mt 19,6; Gen 2,24). Die Ausschließlichkeit der ehelichen Liebe ist eine Folge der tiefen Einheit der Ehe. Wenn man erkennt, dass die gegenseitige Gabe (vom Mann an die Frau und umgekehrt) notwendigerweise eine vollständige Gabe sein soll, versteht man auch, warum sie nur ausschließlich sein kann. Wer sich mehreren Partnern „schenken" will, kann dies dem Einzelnen gegenüber nur teilweise tun, indem er das Unpersönlichste und Äußerlichste seiner Sexualität austeilt. Im Gegensatz zu Ehegatten besitzen sich Liebhaber nicht vollständig, sondern nur teilweise. Ja, sie lieben sich auch nicht wahrhaftig, denn die wahre Liebe macht keine Einschränkungen, sie gibt sich vorbehaltlos.

In der liturgischen Hochzeitsfeier – wir werden noch darauf zurückkommen – stecken sich die Brautleute gegenseitig den Ring an den Finger mit den Worten: „Trag diesen Ring als Zeichen meiner Liebe und meiner Treue. Im Namen des Vaters, und des Sohnes und des Heiligen Geistes. Amen."

Die Einhaltung der Treue unter den verschiedensten Umständen des Ehelebens ist sicherlich nicht immer einfach. Das gilt umso mehr in einer „nachchristlichen" Gesellschaft, die ein gelegentliches außereheliches „Abenteuer" duldet oder sogar sympathisch findet. Im Sakrament der Ehe erhalten die Ehegatten eine besondere Gnade, die ihnen unter anderem auch hilft, ihre Treueverpflichtung zu halten. Der Priester erinnert die Brautleute daran, dass Gott im Sakrament der Ehe „den Ehegatten seinen Beistand schenkt, damit sie einander ihr Leben lang treu bleiben und die übernommenen Pflichten in Ehe und Familie gemeinsam tragen können."

Die Ringe auszutauschen bedeutet nicht automatisch – wie durch Zauberkunst –, dass die Treue fürs ganze Leben gegeben ist. Eheliche Liebe und Treue müssen Tag für Tag aufgebaut werden. Die Liebe ist eine lebendige Realität, sie muss Wurzeln schlagen und stetig bereichert und erneuert werden. Nur so kann sie von Dauer sein. Die eheliche Treue darf sich nicht darauf beschränken, den Partner nicht zu betrügen. Sie ist außerordentlich positiv. Sie ist auch das Fundament für das Glück der beiden Eheleute. Wer feinfühlig ist, sieht mit Klugheit jene Situationen voraus, die einen der beiden Ehepartner in Schwierigkeiten bringen könnten, und vermeidet sie.

Treu sein bedeutet, in der Liebe auszuharren und das eigene „ja" immer wieder zu erneuern, auch wenn es Mühe bereitet. Treu sein bedeutet auch, jene harte und negative Kritik am anderen zu vermeiden – sie kann sehr verletzend sein! Dieser „verbale Ehebruch" ist wie ein Krebsgeschwür einer Ehegemeinschaft. Wahrscheinlich werden durch diesen „Ehebruch der Kritik" mehr Ehen zerstört als durch einen „körperlichen Seitensprung".

Zur Fülle der Liebe zu gelangen – das ist das erstrebenswerte Ziel der Brautleute. Für den Gläubigen hat diese Aussage eine noch tiefere Bedeutung, da er sich in den Heilsplan Gottes eingefügt weiß: Treue zum Ehegatten bedeutet auch Treue zu Gott und zu seinem Ruf nach Heiligkeit. Nur so wird der eheliche Weg ein göttlicher Weg inmitten der Welt.

b. ... zu einer Liebe für immer (Unauflöslichkeit der Ehe)

Was soll man denjenigen sagen, die schon mit dem Gedanken heiraten, dass sie bei späteren Unstimmigkeiten eventuell die Scheidung einreichen werden? Man kann ihnen antworten, dass sie eigentlich nicht heiraten. Sie verstehen die naturgegebene Realität der Ehe überhaupt nicht; die Ehe ist in ihrem innersten Kern unauflöslich.

Die Unauflöslichkeit der Ehe ist keine Erfindung der Kirche. Sie gilt nicht nur für jene, die an Jesus Christus glauben, der gesagt hat: „Was Gott verbunden hat, das darf der Mensch nicht trennen" (Mt 19,6 und Mk 10,9). Mit diesen Worten hat der Herr eine naturgegebene Tatsache in Erinnerung gerufen, nämlich jene grundlegende Eigenschaft der gegenseitigen Hingabe eines Mannes und einer Frau. Was für eine Gabe wäre das, wenn einer sich nur solange verpflichten würde, wie es ihm gerade passt? Das würde wiederum bedeuten, dass ihn/sie nicht die Person des anderen interessiert, sondern was er/sie vom anderen bekommen kann: der Mensch würde zum Objekt.

Wie würden wir reagieren, wenn uns jemand sagen würde: „Ich mache Dir ein Geschenk; wenn wir uns aber nicht mehr verstehen, werde ich es zurücknehmen?" Das ist doch kein echtes Geschenk, es ist weder frei noch bedingungslos und kommt auch nicht von ganzem Herzen.

Die wahre Liebe macht keine Einschränkung, weder in bezug auf die Person, noch zeitlich. Das heißt die wahre Liebe sagt: „Nur Du – und Du für immer" (Titel einer Predigt von Kardinal J. Höffner).

Die Unauflöslichkeit der Ehe ist nicht eine autoritäre und willkürliche Anordnung, die die Freiheit der Ehepartner beeinträchtigt, sondern sie wird von der Natur gefordert. Die Unauflöslichkeit gehört zum Kern des Ehebundes. Die Unwiderrufbarkeit gründet in der Würde des Menschen und entspricht der Hingabe seiner selbst – eines Menschen an einen anderen Menschen. Das Eheversprechen bedeutet somit das vorbehaltlose Schenken seines ganzen Seins, vor allem auch der eigenen Zukunft. Es ist ein höchster Ausdruck von Freiheit und Liebe. Nur wer Herr seiner selbst ist, kann die Entscheidung treffen, sich selbst und seine Zukunft hinzugeben – alle Freuden und Leiden miteingeschlossen. Die persönliche Freiheit muss nicht eifersüchtig bewacht werden, sondern sie ist jedem zur persönlichen Bereicherung gegeben worden. Sie entfaltet sich Schritt für Schritt und wächst vor allem durch endgültige Verpflichtungen, die mit Verantwortung getragen werden.

Wer die Freiheit zur Scheidung verteidigt, verkennt die wahre Tiefe der ehelichen Bindung und macht sie von persönlichen Interessen abhängig. Die Scheidung ist in fast allen Ländern etabliert. Warum? Wer macht sich noch Gedanken über die eigentliche Wahrheit der ehelichen Liebe? Wer kennt noch den tiefen Sinn einer Ehegemeinschaft? Die Unkenntnis ist vor allem auf Informationskampagnen zurückzuführen, welche die Ehe in ein falsches Licht stellen. Die Notwendigkeit der Scheidung – ursprünglich als Hilfe in extremen Fällen gedacht – wird als unumgänglich dargestellt. Die Gesetzgebung wird schrittweise – bis zur Einführung des „Rechts auf Scheidung" angepasst. Am Ende dieser Entwicklung, die mit großzügigem „Verständnis" begonnen hat, steht die spöttisch lächelnde Ironie gegenüber der ehelichen Treue. In einer solchen Scheidungsmentalität, welche die Scheidung als Heilmittel darstellt, verneint man die Fähigkeit des Menschen zu einer unwiderrufbaren Bindung – zu einer ernsthaften Liebe.

c. ... zu einer fruchtbaren Liebe (Zeugung und Erziehung der Kinder)

Was ist der dritte Grundbaustein der Ehe? Die Ehe ist zur Zeugung und Erziehung der Kinder bestimmt. Die Kinder sind die natürliche Krönung einer Ehe. Sie verleihen ihr eine hohe Würde. Die Ehegatten dürfen an der großen Aufgabe der Weitergabe menschlichen Lebens mitwirken. Gott hat den Mann und die Frau zu einer einzigartigen Teilnahme an seiner Liebe und seiner Vaterschaft berufen und sie zu seinen freien Mitarbeitern gemacht. So dürfen sie das Geschenk des menschlichen Lebens weitergeben: „Gott segnete sie, und Gott sprach zu ihnen: Seid fruchtbar, und mehret euch" (Gen 1,28).

Ein Kind ist die Frucht der Liebe seiner Eltern. Es ist ein lebendiges Zeugnis ihrer vollen gegenseitigen Hingabe. Das Kind ist somit nicht ein störender Eindringling, sondern ein erwünschter und greifbarer Ausdruck der Liebe. Jesus sagte: „Ich habe euch erwählt und dazu bestimmt, dass ihr euch aufmacht und Frucht bringt und dass eure Frucht bleibt" (Joh 15,16). Mit der Zeugung und der Erziehung der Kinder antworten die Eltern auf den Ruf Gottes. Sie bezeugen damit ihren Glauben, legen ihre Hoffnung und ihr Vertrauen auf Gott, stellen sich in den Dienst der anderen und beweisen ihre Nächstenliebe. So lassen sie die Kirche Christi wachsen. Die Freude über die Vater- und Mutterschaft bereichert ihre Liebe. Das Neugeborene wird zum Geschenk für diejenigen, die ihm das Leben geschenkt haben.

Man darf aber nicht meinen, dass durch die Geburt eines Kindes alle Paarprobleme gelöst werden könnten. Sicherlich können einige Probleme gelöst werden, es werden aber andere Schwierigkeiten neu hinzukommen. Durch die Präsenz des Kindes wird die gegenseitige Liebe wachsen. Gleichzeitig werden die Qualitäten der Ehepartner und vor allem ihre Fähigkeit zur liebenden Hingabe in neuer Weise auf die Probe gestellt. Zusammen mit dem wunderbar Neuen, das jedes Kind mit sich bringt, bedeutet es auch, weniger Zeit für sich selbst zu haben, angebundener zu sein, viele neue und unvorhergesehene Probleme bewältigen zu müssen. Vielleicht heißt es, auf eine berufliche Karriere zu verzichten und eine liebgewonnene Beschäftigung oder ein intensives Hobby aufzugeben. Der Mann wird lernen, dem Kind die Windeln zu wechseln, die Flasche zu wärmen oder mit ihm zu spielen. Die Frau wird darauf achten, sich nicht zu stark von den Kindern in Anspruch nehmen zu lassen und den Mann nicht zu vernachlässigen.

Das Kind wird zur Krönung der gegenseitigen Liebe, zu einer lebendigen Synthese von Vater und Mutter. Die Liebe der Ehepartner wird wachsen, denn das Kind wird mit derselben Liebe geliebt, mit der sie sich gegenseitig lieben. Durch jedes weitere Kind können sich Mann und Frau noch mehr und tiefer lieben.

* * *

Was die Anzahl der Kinder betrifft, so erinnert die Kirche daran, dass diese Entscheidung in der vollen Verantwortung der Ehegatten liegt. Gemeinsam und vor Gott, also im Gebet, sollen sie die Zahl der Kinder erwägen. Die Elternschaft verantwortlich zu leben bedeutet nicht bloß, die Anzahl der Kinder möglichst klein zu halten; es bedeutet ebenfalls Großzügigkeit (im Wort „großzügig" ist das Wort „zeugen" enthalten), um weitere Kinder anzunehmen. Dabei müssen verschiedenste Aspekte berücksichtigt werden, wobei materialistische und egoistische Gründe nicht maßgebend sein sollten.

Wie oft hört man: „Für den Moment können wir uns ein Kind – oder ein weiteres Kind – nicht leisten." In diesem Falle ist doch der Ausdruck „sich leisten können" überhaupt nicht angemessen. Man kann sich ein Haus, eine Amerikareise oder ein Auto leisten – aber ein Kind? Ein Sohn oder eine Tochter, eine Person, ist das Größte und Wunderbarste, was es im Universum gibt! Ein Kind „leistet" man sich nicht, sondern man lässt sich beschenken und übernimmt eine wunderbare Aufgabe der liebevollen Versorgung und Erziehung.

Eine andere Art, das Kind abzulehnen und die eigene Bequemlichkeit und Sicherheit vorzuziehen, ist die Behauptung, für ein – oder ein weiteres Kind – seien die idealen Voraussetzungen nicht gegeben. Doch wer kann schon die idealen Voraussetzungen schaffen? Dann würde niemand mehr Kinder haben können.

Der folgende großartige Satz stammt von Saint-Exupéry: „Liebe bedeutet nicht, sich in die Augen zu sehen, sondern zusammen in die gleiche Richtung zu schauen." Die Richtung, die wir wählen sollen, ist normalerweise die der Kinder und ihrer Zukunft. Die Möglichkeit zur Vaterschaft und Mutterschaft ist ein Geschenk und eine Verantwortung, nicht um Kinder zu verhindern, sondern vor allem um Kinder zu zeugen und zu erziehen.

„Die verantwortliche Elternschaft" – sagt Papst Johannes Paul II. – „erfordert in ihrer wahren Bedeutung, dass sich die Ehegatten dem Ruf des Herrn fügen und als treue Interpreten seines Planes handeln. Dies ist der Fall, wenn sich die Familie großherzig neuem Leben öffnet und auch dann in einer Haltung der Offenheit gegenüber dem Leben und dem Dienst am Leben bleibt, wenn die Ehepartner aus ernstzunehmenden

Gründen und unter Achtung des Moralgesetzes entscheiden, vorläufig oder für unbestimmte Zeit eine neue Geburt zu vermeiden" (*Evangelium vitae*, Nr. 97). Heutzutage spricht man viel über den Fortschritt und die Entwicklung der Völker und über Methoden zur Empfängnisverhütung. Aber – wie G. Muraro im *Libro della Famiglia* (Edizioni Dehoniane, Roma 1994, S. 114) bemerkt – „spricht man nicht mehr über das Kind. Man spricht über ungenügende Ressourcen, über die Krise der Gesellschaft, über verlorene Werte, über die Armut, welche die entwickelten Völker bedroht... Die Weisen von heute gleichen einer Versammlung von Alten, die ganze Nachmittage damit verwenden, sich über ihr Unglück zu beklagen. Sie schauen mit Angst und Schrecken in die Zukunft. Sie phantasieren über Heilmittel, erfinden Lösungen, bauen Verteidigungsstrategien auf, wappnen sich gegen den Feind. Aber sie sind nicht fähig, unter all diesen Lösungen die wahre zu sehen: das Leben. Das Leben verteidigt man mit dem Leben! Die Menschheit wird wieder mit Zuversicht in die Zukunft schauen, aber nicht indem sie Güter ansammelt und diese ängstlich verteidigt, während jeder jedem mit Misstrauen begegnet... nein, nur indem das Wesentliche erkannt wird: die Investition ins Leben! Es scheint absurd, dass der Mensch diese grundlegende Wahrheit nicht verstehen will. Seine Weisheit, die vor Gott Torheit ist, hat es fertiggebracht, die Menschen davon zu überzeugen, dass das Kind eine Last und ein Hindernis ist; dass das Leben eine Bedrohung für das Leben ist; dass, wer Leben zeugt, unvernünftig ist und das Wohl der Menschheit aufs Spiel setzt."

So wird die Weisheit der Menschen zur Torheit. Gegen diesen Irrsinn hat der Papst bei der Weltbevölkerungskonferenz in Kairo seine Stimme erhoben, als man den Völkern der Dritten Welt Geburtenregelungsprogramme aufzwingen wollte, welche die Menschenwürde nicht respektierten.

Manchmal geschieht auch das Gegenteil: Man will um jeden Preis ein Kind und greift zur künstlichen Befruchtung. Wir möchten hier in Erinnerung rufen, dass jedes Kind das Recht hat, Frucht eines Liebesaktes seiner Eltern zu sein, so wie es dem Plan Gottes entspricht. Die Eltern sollen dem menschlichen Leben dienen: Sie sind Diener und nicht Herren! In diesem Sinne lehrt die Kirche, dass „die Zeugung einer menschlichen Person als Frucht des spezifisch ehelichen Aktes der Liebe zwischen den Eheleuten angestrebt werden muss" (Anweisung der Glaubenskongregation *Donum vitae*, 1987, Nr. II, 4). Eine künstliche Befruchtung, in der „technische Mittel den ehelichen Akt ersetzen" (a.a.O., Nr. II,6) kann somit nicht zugelassen werden.

Jede Person – für die Liebe geschaffen – hat das Recht, in jedem Moment ihres Lebens mit Liebe behandelt zu werden. Dieses Recht gilt ganz besonders in entscheidenden Momenten ihres Lebens: Geburt, Eheschließung, göttliche Berufung, Tod... und erreicht ihre maximale Wichtigkeit im einzigartigen Moment des Entstehens, im Moment des Empfangenwerdens. Daher hat jeder Mensch das Recht, als Frucht des ehelichen Liebesaktes seiner Eltern in seine Existenz einzutreten. Nur das entspricht seiner ganzen Würde.

4. Christus lehrt uns, die Ehe in ihrer Fülle zu leben

Der Glaube lehrt uns, dass die Menschheitsgeschichte nicht das Resultat zufälliger, willkürlicher Ereignisse und somit die Folge eines blinden Schicksals, sondern göttliche Heilsgeschichte ist. Ihr Leitfaden ist die Liebe Gottes zum Menschen. Eine Liebe, die in Christus ihr Zentrum und ihren Höhepunkt erreicht. Christus ist einziger Vermittler zwischen Gott und dem Menschen. Nur in ihm und durch ihn wird der Mensch seine Würde und seine Berufung verstehen und vollständig realisieren können. Das gilt vor allem für die Ehe und die Familie. Der Hl. Apostel Johannes schreibt: „Liebe Brüder, wir wollen einander lieben; denn die Liebe ist aus Gott, und jeder, der liebt, stammt aus Gott. Wer nicht liebt, hat Gott nicht erkannt; denn Gott ist die Liebe. Die Liebe Gottes wurde unter uns dadurch offenbart, dass Gott seinen einzigen Sohn in die Welt gesandt hat, damit wir durch ihn leben." (1. Joh 4,7–9).

Was wir in den nächsten Seiten vorstellen werden, sind nicht abstrakte Idealvorstellungen für gläubige und religiöse Menschen. Es handelt sich vielmehr um eine Wahrheit, die begeistert und die Schönheit der ehelichen Liebe entdecken lässt.

a. Am Ursprung der Liebe

Der Kern der von Christus zur Vollendung gebrachten Verkündigung findet sich in dem Satz „Gott ist Liebe" (Joh 4,16). Existieren bedeutet für einen Christen, dass er gewollt, geliebt und von Gott zur Liebe berufen worden ist. Aus Liebe hat der Vater seinen eingeborenen Sohn gesandt, der in einem gewissen Sinn auch Bräutigam der Menschheit und Bräutigam eines jeden Menschen geworden ist, weil er sich für jeden ganz hingegeben hat. Die ganze Heilsgeschichte ist die Erzählung jener ehelichen Liebe, des Bundes zwischen Gott und den Menschen, zwischen Christus und der Kirche. So ist auch die treue, unauflösliche und fruchtbare Liebe zwischen einem Mann und einer Frau Zeichen der Verwirklichung jener göttlichen Liebe.

Der Apostel Paulus mahnt: „Ihr Männer, liebt eure Frauen, wie Christus die Kirche geliebt und sich für sie hingegeben hat, um sie im Wasser und durch das Wort rein und heilig zu machen. So will er die Kirche strahlend rein vor sich erscheinen lassen, ohne Flecken, Runzeln oder andere Fehler, sondern heilig und makellos" (Eph 5,25–27; vgl. auch 1 Kor 3,1–8 und Joh 15,15). Darum sind die Christen dazu berufen, die Liebe zwischen Mann und Frau innerhalb dieser Liebe Christi für seine Braut und im Rahmen dieser ehelichen Verbundenheit zwischen Christus und der Kirche zu leben. Die eheliche Liebe der Gatten kann nicht vom größten Liebesakt der Geschichte losgelöst werden: jenem von Jesus, der am Kreuz sein Blut für die Rettung der Menschheit hingegeben hat.

Jeder darf sich berufen fühlen, sein Leben der göttlichen Initiative zu öffnen, denn nur in Gott kann unser Bedürfnis nach Wahrheit, Frieden und Liebe gestillt werden. Man kann das eheliche Leben nur dann vollständig leben, wenn es sich auf die unversiegbare Liebe Gottes stützt und sich daraus nährt. Durch Christus hat sich Gott geoffenbart, und durch ihn durchdringt er die Geschichte und unser Leben.

Jede Liebe hat ihren Ursprung in Gott und ist auch jedesmal ein Ja des Menschen zu Gott. In dem kleinen Buch *Prometto di esserti fedele, per sempre (Ich verspreche, Dir für immer treu zu sein)* stellt sich Giordano Muraro einen *Brief Gottes an die Verlobten* vor. Darin stellt er auf eindrucksvolle Art diese Tatsache dar. Dem Bräutigam – sowie der Braut – sagt Gott: „Die Frau, die neben Dir innerlich ergriffen, im hübschen Brautkleid steht, ist mein. Ich habe sie geschaffen. Ich habe sie seit jeher geliebt, noch vor Dir und mehr als Du. Meine Hände haben ihre Schönheit geformt, mein Herz hat Zärtlichkeit und Liebe in sie hinein gelegt, mein Wissen hat ihre Empfindsamkeit, ihre Intelligenz und all die guten Eigenschaften, die Du in ihr gefunden hast, entstehen lassen. Ich liebe sie seit jeher, Du hast seit ein paar Jahren begonnen, sie zu lieben. Ich habe diese Liebe für sie in Dein Herz gelegt. Wenn Du ihr sagen wirst: 'Ich verspreche, Dich zu lieben und zu achten und Dir die Treue zu halten alle Tage meines Lebens', wird es wie eine Antwort an mich sein, dass Du sie in Dein Leben aufnehmen und für sie sorgen willst. Von nun an werden wir sie zusammen lieben. Ich werde Dich bei diesem Unterfangen nicht alleine lassen. Ich werde Dir noch mehr Liebe geben, damit Du ihr treu sein kannst, ihr in der Not beistehst und eine fruchtbare Liebe lebst, die ihre Krönung in der Zeugung und Erziehung der Kinder erreicht. Dies ist mein Hochzeitsgeschenk: das, was man 'Gnade des Sakramentes der Ehe' nennt. Ich werde Dich zu einem Werkzeug meiner Liebe machen, ich werde weiterhin mein Geschöpf, das Deine Frau geworden ist, durch Deine Liebkosungen, Deine Hingabe und Dein Verzeihen lieben."

Das „Ja" dieses Tages wird somit nicht nur vor einer Person, sondern auch vor Gott ausgesprochen. Das „Ja" zu Gott bedeutet: „Ich will Dich immer lieben, gemäß dem Plan Gottes für die Ehe und die Familie."

Aus diesem Grunde ist die eheliche Verbindung nur dann wirklich stark, wenn sie dreipolig und nicht nur zweipolig ist. Das heißt, wenn sie ein Dreieck bildet, an dessen Basis die Eheleute stehen und an dessen Scheitelpunkt Gott steht. Indem sie heiraten, gehen der Mann und die Frau eine Verbindung miteinander und mit Gott ein.

Johannes Paul II. bemerkt: „Ist etwa die menschliche Liebe ohne den Bräutigam und ohne die Liebe denkbar, mit der Er uns zuerst, bis zur Vollendung geliebt hat? Nur wenn sie an diesem „tiefen Geheimnis" teilnehmen, können die Eheleute „bis zur Vollendung" lieben. Entweder werden sie zu Teilhabern dieser Liebe, oder sie lernen nicht bis ins Innerste kennen, was die Liebe ist und wie radikal ihre Anforderungen sind" (Johannes Paul II., *Brief an die Familien*, Nr. 19).

Die Ehegatten müssen sich immer tiefer bewusst werden, dass ihre Liebe und ihre Ehe heilig sind. Gott ist mit ihnen, und Er gibt ihnen die Kraft, sich zu lieben. Dies bedeutet, einander zu verstehen, zu helfen, zu verzeihen und sich einander zu schenken; es ist klar, dass dies auch persönliche Opfer mit einschließt.

Der Katechismus der Katholischen Kirche fasst die umfassende päpstliche Lehre dieser letzten Jahre über die Ehe und die Familie wie folgt zusammen: „Die Heilige Schrift beginnt mit der Erschaffung des Mannes und der Frau nach dem Bilde Gottes und schließt mit der Vision der ‚Hochzeit des Lammes' (Offb 19,7.9). Von ihren ersten bis zu den letzten Seiten spricht die Schrift von der Ehe und ihrem ‚Mysterium', von ihrer Einsetzung und dem Sinn, den Gott ihr gegeben hat, von ihrem Ursprung und ihrem Ziel" (Nr. 1602).

b. Die Ehe als Sakrament

Man versteht den Satz „die Ehe ist ein Sakrament" nur, wenn man versteht, was die Kirche ist, und wenn man ihre Bedeutung als Zeichen und Werkzeug des Heils kennt. Die Kirche ist Christi Leib, die lebendige Gegenwart Christi in der Welt. Sie ist die Gemeinschaft derer, die vom Geiste Christi belebt sind. Mit der Taufe hat in uns das christliche Leben der Gnade begonnen, die uns zu Töchtern und Söhnen Gottes macht und uns in die Kirche, den neuen Bunde Gottes mit den Menschen, einführt. Wir sind so in einen erlösenden Plan eingefügt. Der Taufbund wird durch die anderen Sakramente – ihren spezifischen Eigenschaften entsprechend – aktualisiert und bereichert.

Dank der Erlösung durch Christus erhält jede menschliche Realität eine höhere Bedeutung und einen neuen Wert – gemäß dem Heils- und Liebesplan Gottes für den Menschen. Das Sakrament der Ehe unterscheidet sich insofern von den anderen Sakramenten, denn die Ehe ist eine naturgegebene Realität, die im Plan Gottes einen besonderen Wert hat. Er will seinen Bund mit den Menschen in Erinnerung rufen und ihn aktualisieren. Aus diesem Grunde bezeichnet der Hl. Paulus die Ehe unter Getauften als ein „großes Geheimnis" (Eph 5,32). Die christlichen Eheleute bezeugen nämlich die treue, unauflösliche und fruchtbare Liebe Gottes zu den Menschen, und noch genauer die Einheit Christi mit der Kirche.

Demzufolge ist das Ehe- und Familienleben sowohl Aufgabe und Sendung als auch Berufung und Weg der Heiligung. Die von den Ehegatten gelebte treue Einheit wird zum Zeichen der Liebe Gottes und seines Bundes mit dem Menschen.

Die Aufgabe der Ehegatten ist sowohl für die Gesellschaft als auch für die Kirche von größter Bedeutung. Die gegenseitige Hingabe und Treue zwischen den Ehegatten sowie die Zeugung und Erziehung der Kinder, trägt zum Wachstum der Kirche bei, die sich in einem „großen Kampf befindet zwischen Gut und Böse, Leben und Tod, zwischen der Liebe und allem, was sich der Liebe widersetzt" (*Brief an die Familien*, Nr. 23).

Die Liebe – oder der Egoismus – des Paares widerspiegelt sich in der Kirche. Es gibt somit nicht zwei Beziehungen – die eine zu Christus und zu seinem Leib, und die andere zum Gatten; es gibt nur eine einzige Beziehung. Aus diesem Grunde hat Christus der Ehe die Würde des Sakramentes verleihen wollen. Er bietet den Gatten die besondere Hilfe seiner Gnade für ihr gemeinsames Abenteuer an.

Damit die Brautleute von der Gnade des Sakramentes durchdrungen werden, müssen sie gut vorbereitet und in der Gnade Gottes zur Hochzeit kommen.

Die Kirche lehrt: „Damit die Brautleute das Sakrament der Ehe fruchtbringend empfangen, wird ihnen dringend empfohlen, zur Beichte und zur Kommunion zu gehen" (*Kodex des kanonischen Rechtes*, Can. 1065 § 2).

c. Körpersprache und entsprechende moralische Forderungen

Die eheliche Vereinigung ist nur dann ein wirklich menschlicher Akt, wenn sie gemäß ihrer wahren Bedeutung vollzogen wird.

Was für die Worte in der gesprochenen Sprache gilt, gilt auch für den menschlichen Sexualakt: Er vermittelt eine Botschaft. Es ist eine anspruchsvolle und bedeutungsvolle Handlung. Sie bezeugt die gegenseitige und volle Hingabe der Ehegatten. Jeder muss als Person mit seinem ganzen Wesen, bewusst und freiwillig zugegen sein. Die Ehegatten können lernen, die körperliche Vereinigung zu einer ganzheitlichen und bedingungslosen Hingabe werden zu lassen. Eine Ehe ist nicht besser, je mehr die periodische Enthaltsamkeit geübt wird, sondern je intensiver die gegenseitige Liebe – auch die körperliche Vereinigung – im gesamten Leben der Ehegatten gepflegt wird.

Man braucht Mut und eine klare Einstellung. Wir sind von der „Kultur der Verhütung" umgeben, die geschlechtliche Beziehungen zu billigen Preisen anbietet und so zu banalen Werkzeugen der Lust reduziert. Eine Gebrauchsanweisung wird mitgeliefert, um Infektionen und „andere Unfälle", wie den einer Zeugung, zu vermeiden. Der Geschlechtsakt wird auf eine billige Handlung zur Befriedigung der Lust beschränkt; das hat auch zur Folge, dass sich erniedrigende Missbräuche und Verstöße gegen die Menschenwürde ausbreiten.

Eine echte „Sexualrevolution" verlangt nach einer Revolution der Bejahung und Wiederaufwertung der Sexualität, gemäß ihrer geschaffenen Natur.

Man wird so auch den Sinn der Schamhaftigkeit neu entdecken. Diese ist ein Zeichen der Geistigkeit des menschlichen Körpers, ein Schutz vor der Erniedrigung der Person zum bloßen Körper und Objekt. Nur die Tiere haben keine Scham.

Körperfeindlichkeit hat in der christlichen Lehre keinen Platz. Doch zu Unrecht wird behauptet, dass die katholische Religion die Verherrlichung des Geistes und die Verleugnung des Körpers vertrete. Auch wenn einige Autoren diesen Eindruck erweckt haben, ist festzuhalten, dass gerade die christliche Religion die einzige Religion ist, welche die Auferstehung der Körper verheißt. Andere Religionen sprechen von einem Leben nach dem Tode, das als Leben der Seele in einer rein geistigen Dimension verstanden wird. Oder sie sprechen von einer Reinkarnation in ein anderes Lebewesen. Das Christentum hingegen lehrt die Auferstehung unseres Körpers am letzten Tage. Wie kann man also behaupten, das Christentum verabscheue den Körper? Gerade die Fleischwerdung des Sohnes Gottes unterscheidet doch die christliche Religion von allen anderen. Christus offenbart so dem Menschen seine Größe, seine Würde und die Tatsache, ein „geistgewordener" Körper oder ein „verkörperter" Geist zu sein. Dadurch erhält auch die Sexualität einen neuen Wert; sie zeigt sich als Reichtum der Person und offenbart sich in der Ehe – in der Hingabe seiner selbst.

In der Bibel wird verkündet, wie Gott den Menschen segnet. Im ersten Kapitel der Genesis kann man lesen: „Gott schuf den Menschen als sein Abbild; als Abbild Gottes schuf er ihn. Als Mann und Frau schuf er sie" (Gen 1,27). Auch bezüglich der körperlichen Liebe und ihrer zeugenden Fruchtbarkeit sind Mann und Frau aufgerufen, eine Gemeinschaft zu leben, die das Innenleben des dreifaltigen Gottes widerspiegelt. Mann und Frau vereinen sich in der Ehe so eng, dass sie – wie es in der Genesis steht – „ein Fleisch" (Gen 2,24) werden.

Die christliche Lehre lehnt jedoch jeglichen Missbrauch des Körpers ab, was eine Herrschaft des Fleisches über die Person bedeuten würde. Sie lehnt eine übermäßige und maßlose Sexualisierung ab. Die von der Kirche gelehrte Sexualethik ist nicht durch einen leibfeindlichen Gott auferlegt worden. Gott möchte nur, dass die menschliche Geschlechtlichkeit in ihrer ganzen Schönheit respektiert und erkannt wird. Sie soll vor jedem Angriff und Missbrauch geschützt sein. Gott hat dem Menschen die Sexualität gegeben, und er möchte, dass der Mensch ihren wahren Sinn und ihre volle Schönheit entdeckt und lebt.

* * *

Das Gesagte hilft zu verstehen, warum die Kirche die künstliche Empfängnisverhütung seit jeher abgelehnt hat. Die Schwierigkeiten, die Lehre der Kirche in diesem Punkt zu verstehen, sind oft auf eine ungenügend tiefe Fragestellung zurückzuführen. „Natürliche Empfängnisregelung ja, künstliche Empfängnisverhütung nein"; das wäre eine oberflächliche Vereinfachung. Wenn man die Enzyklika *Humanae vitae* (1968) aufmerksam durchliest, erkennt man, dass die Ablehnung der Empfängnisverhütung nicht durch eine Gegenübersetzung von „natürlich" und „künstlich" entstanden ist, sondern dass sie als unchristlich betrachtet wird, weil sie eine verantwortungsvolle Vater- und Mutterschaft ausschließt.

Moralisch zu rechtfertigen ist nur das Verhalten zweier Ehegatten, die sich des ehelichen Aktes in den fruchtbaren Tagen der Frau enthalten (natürliche Methoden oder periodische Enthaltsamkeit), wenn ernsthafte Gründe gegen die Zeugung eines weiteren Kindes sprechen.

Johannes Paul II. bemerkt dazu: „Die Entscheidung für die natürlichen Rhythmen beinhaltet ein Annehmen der Zeiten der Person, der

Frau, und damit auch ein Annehmen des Dialoges, der gegenseitigen Achtung, der gemeinsamen Verantwortung, der Selbstbeherrschung... In diesem Zusammenhang macht das Ehepaar die Erfahrung, dass die eheliche Vereinigung um jene Werte der Zärtlichkeit und Affektivität bereichert wird, welche die Seele der menschlichen Geschlechtlichkeit bilden, auch in ihrer leiblichen Dimension" (*Familiaris consortio*, Nr. 32). Die Ehegatten passen ihr sexuelles Verhalten den Erfordernissen einer verantwortungsvollen Zeugung an. Im Falle der Empfängnisverhütung tun sie genau das Umgekehrte: Sie verändern den Prozess der Zeugung, um ihr sexuelles Verhalten nicht ändern zu müssen.

d. Die Familie: die Haus-Kirche

Die Kirche ist viel mehr als ein Gebäude oder eine Institution, sie ist vielmehr vor allem eine lebendige Gemeinde, eine Gemeinschaft Gottes mit den Menschen: vereint mit dem Vater, durch den Sohn im Heiligen Geist. In diesem Sinne sind wir alle dazu berufen, „Kirche zu sein". Ganz speziell gilt das für die Familie.

Der Glaube eines Menschen entsteht und wächst vor allem im Schoß einer Familie. Dort lernt er, Gott zu entdecken und zu lieben, diesen Gott, der in seinem Innersten selbst Familie ist. Gott ist die Fülle der Vaterschaft (der Vater), der Kindschaft (der Sohn) und der Liebe (der Heilige Geist), d.h. alle Bestandteile einer Familie sind in Gott enthalten. Die christlichen Eheleute sind dazu eingeladen, sich bewusst zu werden, dass ihre Liebe und ihre Vereinigung ein Abbild der Dreifaltigkeit sein können.

Der Materialismus des Besitzes und des Konsums beschränkt unseren Horizont dermaßen, dass wir häufig die geistige Dimension des menschlichen Lebens nicht mehr erkennen. Darum darf es uns nicht erstaunen, dass viele Ehen durch den Mangel an Spiritualität austrocknen. Eine Ehe ohne Spiritualität, ohne Tiefe und Innerlichkeit ist wie ein Körper ohne Seele, wie eine Pflanze ohne Wasser.

Das geistige Fundament einer Ehe hängt davon ab, wie die Gatten deren Wert, deren Transzendenz und deren Geheimnis verstehen und in die Tat umsetzen. Das wird ohne eine persönliche Beziehung zu Gott nicht möglich sein. Die persönliche Beziehung zu Gott wird sich im Handeln und darum auch in der eigenen Familie widerspiegeln. So wird die Familie zu einer Kirche zu Hause oder, wie das Konzil es genannt hat, zu einer „Hauskirche".

Hauskirche zu sein heißt aber nicht, einfach ein Kreuz oder ein Bild der Mutter Gottes im Wohnzimmer aufzuhängen. Diese äußeren Zeichen können ein Indiz für die Hauskirche sein, sind aber nicht das Entscheidende. Andere Merkmale, denen schon eine größere Bedeutung zukommt, sind die Zeiten des Gebets in der Familie, z.B. mit den Kindern vor dem Schlafengehen, vor und nach den Mahlzeiten und vor allem der gemeinsame Besuch der sonntäglichen Hl. Messe. Es gibt verschiedene andere christliche Traditionen, die ebenfalls in die Familie gehören: zum Beispiel das Aufbauen einer Krippe in der Weihnachtszeit oder der Besuch des Friedhofs – besonders im Monat November. Man darf aber nicht vergessen, dass die Hauskirche vor allem aus der Verpflichtung der Ehegatten entsteht, gemäß dem Geiste des Evangeliums zu leben. Sie müssen den engen Zusammenhang entdecken, der zwischen ihrer persönlichen Beziehung zu Gott einerseits und ihrer Beziehung zum Ehegatten und zu den Kindern andererseits besteht. Die Eltern sind auch die wichtigsten Zeugen des Glaubens für ihre Kinder, sie erklären ihnen den Glauben und das Leben als Christ in dieser Welt.

Nach einer amerikanischen Studie zerbrach jede zweite von nur standesamtlich geschlossenen Ehen, jede dritte von kirchlich geschlossenen Ehen, aber nur jede fünfzigste von kirchlich verheirateten Paaren, die auch zusammen zur Kirche gehen. Bei kirchlich verheirateten Paaren, die zudem noch gemeinsam beten, zerbricht nur eine von 1429 Ehen. Gemeinsam beten stärkt die Einheit. Das kann der Rosenkranz sein oder das Tisch- und Abendgebet. Sicher ist, dass die betenden Frauen und Männer sich stärker und bedingungsloser dem anvertrauen, der mitbetet und so die gleiche Lebensperspektive bis über den Tod hinaus teilt. Das ist zwar keine Garantie, sonst würde auch die eine der 1429 Ehen nicht zerbrechen. Aber wo die Gebets- und Glaubensgemeinschaft im Sinn des Evangeliums gepflegt wird („wo zwei in meinem Namen versammelt sind, da bin ich mitten unter ihnen"), da gibt es einen Rückhalt, der auch größere Krisen zu überwinden vermag.

Geistliche Ratgeber empfehlen Eltern oft, zu den Schutzengeln der Kinder zu beten. Selten dagegen liest oder hört man die Empfehlung, auch zum Schutzengel des Ehepartners zu beten. Der regelmäßigen Gewissenserforschung dürfte es nicht schaden, wenn man sich fragt, was man dem Ehepartner heute Gutes getan oder wie man mit ihm kommuniziert hat. Vielleicht lässt sich ja noch etwas nachholen. Wer aber für den anderen betet, kommuniziert in einem Sinn und in solcher Dichte, wie sie in Worten und Gesten nicht ausgedrückt werden kann. Es gibt die Seelenverwandtschaft, die Einheit im Geiste. In der Personengemeinschaft der Ehe erreicht sie ihren Höhepunkt.

Die Ehegatten sind dazu berufen, ihre Ehe mit Kindern zu krönen und so eine Familie zu bilden, die die grundlegende Zelle für das Leben der großen menschlichen Familie, der Christen – und auch der Kirche ist. Die Erziehung der Kinder ist die wichtigste Aufgabe der Eltern. Sie ist ein Grundrecht und eine Grundpflicht der Eltern. Der Glaube lehrt uns, in jedem Kind ein Geschenk zu sehen, das Gott uns anvertraut, und er lädt uns ein, uns der daraus folgenden Verpflichtungen bewusst zu werden.

Die Eltern sind die wichtigsten „Verwalter" der Hauskirche und haben somit Teil am dreifachen Amt Christi: dem Priester-, Propheten- und Hirtenamt. Sie sind die ersten, die ihren Kindern das Evangelium verkünden, und für sie müssen sie die wichtigsten Zeugen der Liebe, der Treue und der Barmherzigkeit Gottes sein. Die Eltern erfüllen die Familie mit christlichem Geist und mit den Idealen des Evangeliums. Sie sind aufgefordert, die Werte der Opferbereitschaft, des Verzichts, der Großzügigkeit, der Redlichkeit, der Solidarität, usw. den Kindern vorzuleben. Es gibt viele Möglichkeiten, die Gelegenheit bieten, christliche Tugenden zu trainieren: bei den täglichen Aufgaben in der Familie mitzuhelfen, sich um alte Leute oder Kranke zu kümmern, mit Menschen mit Behinderung in die Ferien zu fahren, Zeit und Geduld zu finden für jene, die oft alleine und einsam sind.

Die Familie muss die erste Schule menschlicher Tugenden und christlichen Lebens sein, ein Ort, an dem der Glaube vermittelt wird, sich entwickelt und so in die ganze Gesellschaft ausstrahlt.

e. Die Ehe: ein Weg der Heiligung

Wenn die Familie Hauskirche ist, so hat die menschliche und christliche Aufgabe der Ehegatten etwas Priesterliches an sich. Das ist ein Thema, das von Johannes Paul II. betont wird. Er fordert die christlichen Eheleute dazu auf, sich ihrer Sendung bewusst zu werden.

Für die Gläubigen ist das Eheleben ein Weg zur Vollkommenheit und zur Fülle des christlichen Lebens. Es ist eine wahrhaft göttliche Berufung: ein Ruf, sich im Eheleben zu heiligen, gerade in der Liebe und Treue gegenüber dem Gatten und in der verantwortungsvollen Erziehung der Kinder, sowie in der Pflege der Beziehungen zu vielen Menschen. Der Hl. Josemaría Escrivá wandte sich oft mit folgenden Worten an die Verheirateten: „Euer Weg zum Himmel hat einen Namen: der Name eures Ehegatten." In einer seiner Predigten mit dem Titel *Die Ehe, eine christliche Berufung* lesen wir: „Glaube und Hoffnung müssen sich in der Gelassenheit zeigen, mit der die Eheleute ihre großen und kleinen Sorgen, die es überall gibt, bewältigen, im freudigen Ausharren in der Erfüllung der eigenen Pflichten. So wird alles – von Liebe getragen – dazu führen, Freud und Leid zu teilen, die eigenen Sorgen zu vergessen, um für die anderen da zu sein, dem Ehepartner oder den Kindern zuzuhören und ihnen so zu zeigen, dass man sie wirklich liebt und weiß, über kleinere Klippen hinwegzusehen, die der Egoismus in Berge verwandeln könnte, dass man eine große Liebe in die kleinen Dinge hineinlegt, aus denen das tägliche Miteinander besteht." (in: *Christus Begegnen*, Nr. 23).

Wer ein religiöses Leben am Rande seiner ehelichen und familiären Beziehungen aufzubauen versucht, ist auf dem falschen Weg. Gerade in den kleinen Pflichten und täglichen Opfern des familiären Lebens sollte man den Willen Gottes erkennen. Das sind die Gelegenheiten, sich zu heiligen und einander zu lieben, so wie Christus uns und die Kirche geliebt und sich für sie hingegeben hat.

Jede konkrete Tat der Liebe spiegelt das Bild des Vaters, Quelle ewiger Liebe, des Sohnes, der sich dem Vater aus Liebe schenkt, und des Geistes, der ungeschaffenen Liebe, wider. Sein Geist treibt und lehrt uns, zu lieben, wie Christus seine Kirche geliebt hat, mit einer vollständigen, treuen und ewigen Liebe. Die Liebe Christi ist treu, unwiderrufbar und bedingungslos. Er liebt uns nicht *wegen* unserer guten Eigenschaften, sondern *mit* unseren guten Eigenschaften und *trotz* unserer Fehler. Seine Liebe ist ausschließlich und persönlich. Ihm geht es nicht um die anonyme Masse, sondern um jeden Einzelnen.

Das kennzeichnet auch die eheliche Liebe: Eine Gemeinschaft fruchtbaren Lebens eines Mannes mit einer Frau. Es ist eine Liebe, die in und für sich vollständig, unauflöslich und ausschließlich ist.

Wie die Liebe Christi ist auch die Liebe der Ehegatten dazu bestimmt, sich zu öffnen und apostolisch zu sein. Das Paar darf sich nicht in sich selbst zurückziehen, indem es die eigene Liebe als eine private Angelegenheit betrachtet. Die Welt, die Gesellschaft und die Kirche brauchen die Liebe der verheirateten christlichen Frauen und Männer!

5. Warum gibt es so viele gescheiterte Ehen?

„Wer diese meine Worte hört und danach handelt, ist wie ein kluger Mann, der sein Haus auf Felsen baute. Als nun ein Wolkenbruch kam und die Wassermassen heranfluteten, als die Stürme tobten und an dem Haus rüttelten, da stürzte es nicht ein, denn es war auf Felsengrund gebaut" (Mt 7,24–25).

Könnte der Grund für all die gescheiterten Ehen ein fehlerhafter Plan oder ein Konstruktionsfehler sein? Wenn ja, welcher?

a. Ehen, die auf Sand gebaut sind

Die Zahl der Scheidungen erhöht sich dauernd. In Europa endet fast die Hälfte aller Ehen in der Scheidung. Man hat Mühe, ernsthafte Gründe für das Scheitern zu finden, vor allem wenn man bedenkt, dass in mehr als der Hälfte der geschiedenen Ehen ein oder mehrere Kinder leben und somit betroffen sind.

Folgende Gründe für die Scheidung werden häufig genannt:

„Es ging nicht mehr."

„Wir verstanden uns nicht."

„Mein Ehegatte hat sich geändert."

„Ich hatte keinen Raum mehr für mein eigenes Leben."

„Ich fühlte mich ständig unterdrückt."

„Wir sind zu unterschiedlich."

„Das Eheleben ist zu monoton für mich."

Sind das die wirklichen Gründe für das Scheitern so vieler Ehen? Viele Paare (ein Drittel) lassen sich schon in den ersten Ehejahren scheiden. Daneben darf man die Ehen nicht vergessen, in denen die Gatten sich zwar nicht scheiden oder trennen lassen, aber im Streit oder in gegenseitiger Untreue miteinander leben. Es wäre naiv, den Grund dieser Ehekrise in den üblichen Ausreden zu suchen: im modernen Leben, im Fortschritt, in der Emanzipation der Frau, usw.

Der Grund so vieler Misserfolge liegt vor allem in der Leichtfertigkeit, mit der viele geheiratet haben, ohne geeignete Vorbereitung, ohne an die Wirklichkeit des Ehelebens gedacht und somit ohne es eigentlich gewollt zu haben. Es ist sicherlich nicht nur die Schuld der Geschiedenen. Sie sind mit den Idealen unserer Gesellschaft aufgewachsen, die vor allem das Recht auf Wohlstand und Genuss, Besitz und Unabhängigkeit propagieren und die in den Gewissen jeden Ruf zu Verzicht, Opfer oder vermehrtem Einsatz ausgelöscht haben.

Denjenigen, die sich trennen oder scheiden lassen, weil sie das Gefühl haben, sich nicht mehr zu lieben, sollte man vorhalten, dass die eheliche Bindung weiterbesteht, auch wenn die Liebe zeitweise verschwunden scheint.

Die tatsächlichen Gründe für das Scheitern einer Ehe sind:

1. *Die einseitige Suche nach der eigenen Verwirklichung*

Wer die Ehe nur als Mittel zur persönlichen Verwirklichung betrachtet, ist schon von vornherein auf dem falschen Weg. Die Ehe ist grundsätzlich die Realisierung von etwas Neuem, Einzigartigen und jedem egoistischen Streben entgegengesetzt. Es geht um die Bildung eines „Wir" – durch die gegenseitige Hingabe beider Ehegatten. Eigentlich denkt niemand bewusst daran, den anderen zu „gebrauchen", um sich selbst zu verwirklichen. Der Gatte würde das bald spüren und einen solchen Missbrauch ablehnen. Wer in dem unbewussten Verlangen, den anderen für seine Ziele zu „gebrauchen", heiratet, wird bald von der Ehe enttäuscht sein und sie schließlich als ein neues Hindernis seiner so krankhaft angestrebten Selbstverwirklichung empfinden. Wahrscheinlich ist diese Überbetonung des eigenen Ichs ein entscheidender Grund für viele Scheidungen.

2. *Die mangelhafte gegenseitige Kenntnis*

Wer sehr jung oder nach nur sehr kurzer Verlobungszeit heiratet, dem fehlt oft eine Liebe, die auf genügender, gegenseitiger Kenntnis beruht. Die Zuneigung, d.h. das Gefühl und die affektive Anziehung, bringen die Partner einander näher; sie können aber die Stabilität der ehelichen Liebe nicht garantieren. Die affektive Zuneigung führt oft zu einem idealisierten Bild des anderen. Der Person werden vor allem positive, ins Übertriebene gesteigerte Werte zugeordnet, währenddessen weniger attraktive Eigenschaften übersehen werden. Dieses Idealisieren, das typisch ist für das jugendliche Alter, bereichert den Geliebten mit den Eigenschaften, die man gerne finden würde. Wenn ein Fehler offensichtlich ist, nimmt man diesen als besonders interessant wahr und ist überzeugt, dass man dem anderen diesen Fehler abgewöhnen kann. Mit dem Zusammenleben verringert sich aber die Tendenz, den anderen zu idealisieren – bis hin zur realistischen Kritik. Der idealisierte Engel wird zu einer normalen und oft lästigen Person, mit guten Eigenschaften, aber auch mit nicht wenigen Fehlern. Einige werden als besonders unangenehm wahrgenommen, als wären sie absichtlich. Man fühlt sich betrogen und beleidigt. Man scheitert auch mit allen Erziehungsversuchen. Die dann folgende Enttäuschung kann eine furchtbare Reaktion auslösen, die blinde Liebe schlägt um in blinden Hass.

3. *Übertriebene Erwartungen*

Ursprung vieler Ehekrisen sind die übertriebenen Erwartungen. Heute leiden Menschen immer öfters unter Einsamkeit. Dies kann sie dazu verleiten, in der Ehe die Lösung aller eigenen Probleme zu suchen und übertriebene und unrealistische Erwartungen in die Ehe setzen. Einige bilden sich ein, dass das Glück der gemeinsam verbrachten Stunden als Verlobte automatisch fürs ganze Leben anhalten müsse. Andere erwarten sehr viel vom Partner. Beim ersten Streit ist dann die Enttäuschung so groß, dass sie selbst von einer unwiderruflichen Unvereinbarkeit der Charaktere überzeugt sind. Andere erhoffen sich von der Ehe das automatische Glücklichsein, ohne sich dafür auch noch anstrengen zu müssen; so hoffen sie, dass sich ihre Kontaktschwierigkeiten, ihr mangelndes Selbstwertgefühl und weitere Störungen wie von selbst beheben. Wenn sie dann feststellen, dass die Ehe neue Beziehungsschwierigkeiten schafft statt sie zu lösen, sind sie tief enttäuscht. Auch die Kritik an der Institution „Ehe" und am Ehegatten kann leicht zum Bruch führen.

Der Christ weiß, dass er in diesem Leben – und somit auch in der Ehe – das Glück finden kann. Aber er weiß auch, dass dieses Glück nie vollkommen sein wird und dass die Sehnsucht nach dem vollkommenen Glück, die in jedem von uns vorhanden ist, nur im Himmelreich gestillt werden wird. Wer also die Ehe mit seinen Erwartungen nicht überfordert, dem werden viele Enttäuschungen erspart bleiben.

4. *Keine Zeit fürs Zusammensein finden*

Unsere überbeschäftigte und schnelllebige Gesellschaft verkürzt die Zeiten des ruhigen Zusammenseins, des Gesprächs und des Zuhörens. Dieser Zeitmangel ist für jede tiefe menschliche Beziehung verheerend, ganz besonders für die Ehe. Michael Ende hat das eindrücklich in der Erzählung „Momo" geschildert. In jener Stadt erscheinen unzählige düstere „graue Männer", welche die Zeit stehlen. Sie stellen die Arbeitswut, den Rationalisierungszwang, die Profitgier dar. „Graue Männer" oder Zeitdiebe können der Computer, der Fernseher, eine Sportart, ein Hobby oder gesellschaftliche Beziehungen sein, vielleicht sogar die Putzwut oder die übertriebene Sorge um die Kinder. Dabei bleibt kein Platz mehr für den Gatten übrig. Das Resultat ist immer dasselbe: Das Paar findet die Zeit und die nötige Ruhe nicht mehr, um zusammen zu sein und miteinander zu sprechen, Zärtlichkeiten auszutauschen und so die eheliche Liebe zu pflegen. Die beiden leben zwar zusammen, entfremden sich aber auch immer mehr. Sie haben sich nichts mehr zu sagen, weil sie von ihren eigenen Zielen und Beschäftigungen ganz in Anspruch genommen werden.

5. *Mehr Sohn oder Tochter als Partner*

Bei der Entstehung einer Ehe mischen sich in größerem oder geringerem Ausmaße auch die jeweiligen Familien der beiden mit ein. Das ist zwar logisch und verständlich, doch glücklicherweise in der heutigen Zeit weniger beherrschend. Die Probleme beginnen, wenn die Gegenwart der Schwiegereltern autoritär und aufdringlich wird. Wenn das sogar nach der Hochzeit noch anhält, entstehen Spannungen, die die eheliche Harmonie sehr gefährden können. Das Opfer kann der Sohn – der Gatte – sein, der es nicht geschafft hat, sich von der Mutter (oder dem Vater) zu lösen und, um die Frau nicht zu verlieren, beide Seiten zufriedenzustellen sucht. Damit macht er aber alle unzufrieden. Sich selbst, weil er sich immer in einer unbequemen Lage befindet; die Mutter, die sich mit der Gattin streitet, um sich durchzusetzen; und die Gattin, weil sie sich von der Schwiegermutter kontrolliert und beurteilt fühlt.

Andere Spannungen können durch die Tochter – die Gattin – entstehen, die zu sehr unter dem Einfluss ihrer Mutter (oder ihres Vaters) steht. In diesem Falle wird der Ehemann Gefühle der Eifersucht, Frustration und Erniedrigung erleben. Um solch eine gestörte Beziehung zu überwinden, muss der Mann seiner Frau helfen, selbstsicherer zu werden und sich geschätzter und attraktiver zu fühlen als ihre Mutter.

Diese Spannungen werden nicht verschwinden, bevor der Beziehung nicht eine neue Richtung gegeben wird. Der Sohn muss sich bewusst werden, dass heiraten „Vater und Mutter verlassen und sich an seine Frau binden" heißt (vgl. Gen 2,24). Die Tochter muss sich von einer falschen Abhängigkeit lösen. Die Gatten werden lernen müssen, die Mutter (oder den Vater) gemeinsam zu lieben. Und die Eltern/ Schwiegereltern sollten die Freiheit und Eigenständigkeit des jungen Ehepaares endlich achten und beide wie eigene Kinder lieben. Kommt es nicht zu einer Entwicklung in diese Richtung, so ist auch der vollkommene Abbruch des Kontakts in nicht wenigen Fällen das traurige Ende der Konflikte.

b. *Zehn falsche Heiratsgründe*

Neben den oben aufgeführten Gründen gibt es noch viele andere, die zu einem Scheitern der Ehe führen können. Es gibt Ehen, die schon schlecht beginnen. Unter den vielen falschen Gründen, jemanden heiraten zu wollen, sollen hier die häufigsten genannt werden:

1. Nur die äußeren Reize einer Person werden beachtet und entscheidendere Aspekte, wie ihr Charakter, ihre Persönlichkeit, ihre Lebensauffassung oder die gemeinsamen Interessen werden vernachlässigt.

2. Die Tugenden der anderen Person werden idealisiert, ohne sich bewusst zu werden, dass dies größtenteils Frucht einer romantischen „Schwärmerei" und nicht einer realistischen Sicht ist.

3. Die Angst, alleine zu bleiben oder sich zu blamieren. Obwohl heutzutage das Durchschnittsalter der Heiratenden beträchtlich gestiegen ist, gibt es immer noch Personen, die bei der erstbesten Gelegenheit heiraten, um ja nicht alleine zu bleiben.

4. Das Bestreben, von den eigenen Eltern unabhängig zu werden. Wer unter der starken Unterwerfung innerhalb der eigenen Familie leidet, wird geneigt sein, in der Ehe eine Art „Befreiung" zu sehen. Der Entschluss zu heiraten, gerade wenn man noch sehr jung ist, kann vom Wunsch bestimmt sein, sich zu emanzipieren.

5. Aus Eigensinn und als Trotzreaktion gegenüber den Eltern, die mit der Wahl des Partners nicht einverstanden sind. Die eigene Wahl zu verteidigen kann richtig sein, solange man die Hochzeit nicht zu einer Frage des „persönlichen Sieges" macht.

6. Die Angst vor der Auflösung einer offiziellen und von der Familie unterstützten Verlobung. Diese kann ein schwerwiegendes Hindernis darstellen für diejenigen, die nicht gewohnt sind, in Freiheit und mit Verantwortung eigene Entscheide zu fällen. Die Trennung ist vor allem dann schwierig, wenn der Druck der Eltern oder Freunde stark ist. Die Angst, den Familienangehörigen, die von einer bestimmten Wahl begeistert sind, einen großen Schmerz zuzufügen, hat manch einen/eine dazu verleitet, die falsche Person zu heiraten.

7. Die Angst vor dem Skandal, wenn die Frau schwanger ist. Falls der Entschluss zum Heiraten nicht schon vor der Empfängnis und in voller Freiheit gefällt wurde, ist von einer überstürzten Hochzeit abzuraten. Es ist besser, die Geburt des Kindes abzuwarten. Erst dann werden die beiden in der Lage sein, in Ruhe und Gelassenheit eine überlegte Entscheidung zu treffen.

8. Jemanden aus Mitleid heiraten und dabei der Ansicht sein, ihm helfen zu können. Auch wenn das Mitleid ein sehr edles Gefühl ist, wird solch eine Verbindung sowohl als Ehe als auch als Wohltätigkeit zum Scheitern verurteilt sein.

9. In der Ehe ein Heilmittel gegen die eigenen psycho-affektiven Anomalien suchen (typisch im Falle der Homosexualität). Wer gewisse affektive Verirrungen nicht überwinden kann, soll sich nicht einbilden, in der Ehe ein Heilmittel zu finden. Man muss auch bedenken, dass man eine schwerwiegende Ungerechtigkeit gegenüber dem Partner begeht, wenn man die eigene Situation verheimlicht. Es muss in Erinnerung gerufen werden, dass die Kirche eine Ehe für nichtig erklärt, wenn man beweisen kann, dass die Ehe mit einer Täuschung eingegangen wurde.

10. Im Ehemann einen Vater und in der Ehefrau eine Mutter suchen. Das geschieht, wenn man – durch affektive Unreife – im Partner die Figur des eigenen Vaters oder der eigenen Mutter sucht. Auch wenn dieser Faktor in jeder ehelichen Beziehung eine gewisse Rolle spielt, ist es wichtig zu verhindern, dass diese unbewusste Identifizierung ein Ungleichgewicht in die normale Beziehung der Eheleute bringt.

6. Die Hochzeitsfeier

a. In der Kirche heiraten – soziale Gepflogenheit oder Glaubensentscheidung?

Früher war es üblich, in der Kirche zu heiraten. Heute hat sich die Lage geändert; viele Leute sind in religiösen Fragen gleichgültig geworden, haben sich von der Kirche entfernt, kritisieren sie und meinen, sie nicht mehr zu benötigen. Viele heiraten nur noch standesamtlich.

„In der Kirche zu heiraten" ist nicht mehr selbstverständlich. Diese Situation hat einen positiven Aspekt: Sie zwingt zur überlegten, bewussten Wahl. Natürlich wird es immer Paare geben, die die kirchliche Trauung aus familiärer Tradition wählen, oder weil sie meinen, die Kirche biete einen feierlicheren oder romantischeren Rahmen als das Standesamt. Die Entscheidung für eine Hochzeit in der Kirche sollte jedoch eine Glaubenswahl sein. Oft ist es sogar die erste, in vollem Bewusstsein, und öffentlich gefällte Glaubensentscheidung. Die Taufe, die erste Kommunion und die Firmung werden mehr oder weniger dank der Initiative der Eltern empfangen. Nun stehen die Dinge anders, denn die Verlobten sind für ihr Leben selber verantwortlich.

Wenn wir von einer „Hochzeit in der Kirche" sprechen, denken wir natürlich nicht an das Gebäude als solches, sondern an die liturgische und sakramentale Feier einer Vereinigung, die über die private Sphäre des Paares hinausgeht, indem sie Gott mit einbezieht und sich in den Dienst der Gemeinschaft stellt. Die christliche Hochzeit ist ein Zeichen des Bundes Christi mit seiner Kirche. Die Brautleute sind dazu aufgerufen, dieses Zeichen vor der ganzen Gemeinschaft der Gläubigen zu bezeugen. In der Kirche heiraten heißt, „als Christen" zu heiraten. Mit der bewussten Glaubensentscheidung bekennt man, dass Gott ganz wichtig für das eigene Leben ist.

Für die Kirche und in der Kirche hat die Ehe einen hohen Wert im Heilsplan Gottes. Für die Ehegatten ist sie ein Geschenk, eine Aufgabe und eine Berufung. Ein Christ stellt in der Ehe nicht nur die Liebe zu einem Menschen unter Beweis, sondern auch seine Liebe zu Christus; er erfährt umgekehrt auch die Liebe Christi durch die Liebe eines anderen Menschen. Das bedeutet eine Teilnahme an der treuen, ewigen und fruchtbaren Liebe Gottes, die sich in Christus geoffenbart hat.

b. Der Sinn der liturgischen Feier

Die liturgische Hochzeitsfeier zeigt und bekräftigt die tiefe christliche Bedeutung der Ehe. Sie ist eine Gelegenheit zur Belebung des eigenen Glaubens und vertieft gleichzeitig die eheliche Liebe.

Es ist gut, wenn die Trauung während der Hl. Messe stattfinden kann. In ihr wird das Opfer Christi gegenwärtig und wirksam. Es ist die fruchtbare Gabe der Gemeinschaft und des Bundes der Menschen mit Gott und untereinander. Die Brautleute treten somit in diesen Strom von Liebe und gegenseitiger Gabe. Die christliche Ehe hat einen solchen Reichtum und eine solche Tiefe, dass der Hl. Paulus von einem „großen Geheimnis" (Eph 5,32) und von einem Abbild der Beziehung Christi mit der Kirche spricht. Gleichzeitig werden sich die Ehepartner der Zerbrechlichkeit ihrer Liebe und der immer lauernden Gefahr des Egoismus und des Stolzes bewusst. Sie wenden sich deshalb an Gott und bitten ihn, ihrer Verbindung Dauerhaftigkeit, Fülle und Fruchtbarkeit zu verleihen, damit ihre Ehe ähnlich jener „ewigen Ehe" Christi mit der himmlischen Kirche sein möge.

Die liturgische Feier wird die erhofften geistigen Früchte tragen, wenn sie sorgfältig vorbereitet wird. Die Vorbereitung der Lesungen, der Gebete, der Gesänge und der verschiedenen liturgischen Handlungen – die Brautleute sind ja die eigentlichen Spender des Sakramentes der Ehe – sollen gepflegt werden. Sie sollen am eucharistischen Mahl teilhaben und den Leib und das Blut des Herrn empfangen. Eine wichtige innere Vorbereitung findet im Empfang des Sakraments der Beichte – der Versöhnung mit Gott und den Menschen – statt. Nur wer im Stand der Gnade ist, also das Bußsakrament empfangen hat, wird die volle Gnade des Ehesakraments erhalten können.

In der eucharistischen Feier werden die Brautleute:

– Gott danken. Von ihm kommt alle Liebe, also auch jene, die sie gegenseitig binden wird.

- Das Wort Gottes über sich und über den göttlichen Plan bezüglich der Ehe hören.
- Gott ihre Liebe und Treue darbieten. Mit der Gabe des Brotes und des Weines bringen die Brautleute ihre gegenseitige Hingabe zum Opfer dar.
- Um die Gabe des Heiligen Geistes bitten. Er ist der Geist der Liebe und des Verstehens. Er möge ihnen helfen, ihre Berufung in ihrer ganzen Fülle leben zu können.
- Den Leib und das Blut Christi empfangen. Über die Kommunion mit dem Herrn können die Brautleute an seinem Bunde mit der Kirche, die Zeichen und Vorbild für ihren eigenen Ehebund ist, teilhaben.

Falls der Glaube eines der beiden zukünftigen Gatten oder deren Verwandten eine bewusste und fruchtbringende Teilnahme an der Eucharistie nicht zulässt, hat die Kirche die Feier des Sakramentes der Ehe – sofern beide Ehepartner getauft sind – auch ohne eine Eucharistiefeier vorgesehen. Eine Trauung ohne Eucharistiefeier kann auch dann angebracht sein, wenn die Braut oder der Bräutigam evangelisch ist.

c. Der Ablauf der Feier

Der Ritus der Hochzeitsfeier sieht verschiedene Varianten vor und lässt Raum für die Wünsche des Paares, damit dieses mit Hilfe des Priesters den Ablauf in persönlicher Weise zusammenstellen und die einzelnen Teilen ausdrucksvoller gestalten kann. Es geht nicht darum, Neues oder Spezielles einzuführen oder übertriebene Folklore zu pflegen, sondern darum, der Feier eine familiäre Vertrautheit und Feierlichkeit zu verleihen. Die liturgische Feier hat folgende Elemente:

Die Begrüßung und der Einzug

Der Priester empfängt die zukünftigen Gatten normalerweise vor der Kirche, er kann sie aber auch vor dem Altar erwarten. Auf jeden Fall ist das der Moment, das Paar, die Eltern und die Trauzeugen zu begrüßen. Er soll von Anfang an versuchen, der Feier den richtigen Ton – einen warmen und einfachen – zu verleihen und Kälte und Formalismus zu vermeiden. Dann erfolgt der Einzug in einem festlichen Rahmen, wenn möglich von Musik und Gesang begleitet.

Fragen nach der Bereitschaft zu einer christlichen Ehe

Nach der Predigt beginnt die eigentliche Spendung des Sakramentes der Ehe. Zuerst findet ein Gespräch zwischen dem Priester und den Brautleuten statt. Bräutigam und Braut bekunden vor der Kirche ihren freien und bewussten Willen, heiraten zu wollen; ebenfalls ihren Beschluss, sich als Ehegatten das ganze Leben zu lieben und zu ehren, und ihren Willen, bewusst und in Liebe die Kinder als Geschenk Gottes anzunehmen und sie christlich zu erziehen. Dann lädt sie der Priester ein, vor Gott und der Kirche einander das Ehesakrament zu spenden. Das ist der entscheidende Moment der Feier.

Die Eheerklärung des Brautpaares und die Bestätigung des Ehebundes

Der Priester fordert sie auf, einander die rechte Hand zu geben. Es handelt sich um eine uralte Geste (vgl. Tobit 7,13), die den Bund bezeugt, den sie gerade eingehen: das gegenseitige Sich-Nehmen und Sich-Geben, den Willen, zusammen zu leben und einander helfen zu wollen „in guten und bösen Tagen, in Gesundheit und in Krankheit." Der Glaube zeigt uns eine noch tiefere Bedeutung dieser Geste. Sie erinnert an Christus, als er beim Abendmahl das Brot und den Wein in seine Hände nahm und, indem er sie seinen Jüngern reichte, sich selbst ganz hingab. In diesem Sinne nehmen auch die Brautleute eine unermesslich wertvolle Gabe in ihre Hände, die nach Erwiderung ruft – den Körper und das Leben des Gatten. Nachdem die Brautleute ihre gegenseitige Zustimmung gegeben haben, wendet sich der Priester mit folgenden Worten an sie: „Der Herr, unser Gott, festige den Ehebund, den ihr vor ihm und seiner Kirche geschlossen habt" und fügt hinzu: „Was Gott verbunden hat, das darf der Mensch nicht trennen."

Der Tausch der Ringe

Der Priester segnet die Ringe, damit die Ehepartner, die sie tragen werden, „in unverbrüchlicher Treue zueinander ... allezeit einander lieben." Die Gatten stecken sich gegenseitig den Ring an den Finger, als „Zeichen ihrer Liebe und Treue", besiegelt „im Namen des Vaters und des Sohnes und des Heiligen Geistes." Der Ring, königliches Wahrzeichen, bedeutet die Krone und die Treue des anderen, der sich unterordnet und verspricht, ihm zu dienen und ihn zu lieben. Deshalb fordert der Hl. Paulus die Eheleute auf: „Einer ordne sich dem andern unter in der gemeinsamen Ehrfurcht vor Christus. Ihr Frauen, ordnet euch euren Männern unter wie dem Herrn (Christus)... Und ihr Männer, liebt eure Frauen, wie Christus die Kirche geliebt und sich für sie hingegeben hat" (Eph 5,21–33). Der Ring am Finger wird dann für das ganze Leben ein „Mahnmal" des Hochzeitstages sein; er wird aber auch signalisieren, dass der Träger das lebt, was er an jenem Tag feierlich versprochen hat. Wer den Ring sieht, weiß, dass der Träger schon einem anderen Menschen gehört.

d. Der Ritus der Hochzeit

Bereitschaftserklärung zu einer christlichen Ehe

N. ich frage dich (Sie): Bist du (Sind Sie) hierher gekommen, um nach reiflicher Überlegung und aus freiem Entschluss mit deiner (Ihrer) Braut N. den Bund der Ehe zu schließen?

Bräutigam: *Ja.*

Priester: *Bist du bereit, die Kinder, die Gott euch schenken will, anzunehmen und sie im Geiste Christi und seiner Kirche zu erziehen?*

(Diese Frage kann unterlassen werden, wenn die Umstände – zum Beispiel das Alter der Brautleute – es nahelegen).

Bräutigam: *Ja.*

Danach richtet der Priester dieselben Fragen auch an die Braut. Zum Schluss richtet er an beide gemeinsam die Frage:

Seid ihr beide bereit, als christliche Eheleute eure Aufgaben in der Ehe und Familie, in Kirche und Welt zu erfüllen?

Beide antworten: *Ja.*

Die Segnung der Ringe

Die Ringe werden auf einem Teller vor den Priester gebracht. Dieser spricht darüber das Segensgebet. Eines der drei möglichen Segensgebete hat folgenden Wortlaut:

Der allmächtige Gott segne diese Ringe, die Zeichen der ehelichen Bindung sind. Er erhalte die Ehegatten, die diese Ringe tragen werden, in unverbrüchlicher Treue zueinander, damit sie in seinem Frieden und nach seinem Willen leben und allezeit einander lieben. Darum bitten wir durch Christus, unseren Herrn.

Antwort: *Amen.*

Die Eheerklärung oder die Vermählung

Für die Erklärung des Ehewillens gibt es drei mögliche Formeln. In den ersten zwei wird der Vermählungsspruch von den Brautleuten einzeln ausgesprochen. So heißt es z.B.: *N., ich nehme dich an als meine Frau und verspreche dir ...* Die dritte Formel ist die Vermählung durch das Jawort. Sie wird hier aufgeführt, da sie die meistgewählte Variante ist.

Priester:

Da ihr also beide zu einer christlichen Ehe entschlossen seid, so schließt ihr jetzt vor Gott und der Kirche den Bund der Ehe, indem ihr das Vermählungswort (Jawort) sprecht. Dann steckt ihr einander den Ring der Treue an.

Der Priester fragt den Bräutigam:

N., nimmst du deine Braut N. als deine Frau an und versprichst du, ihr die Treue zu halten in guten und in bösen Tagen, in Gesundheit und Krankheit, und sie zu lieben, zu achten und zu ehren, bis der Tod euch scheidet?

Bräutigam: *Ja.*

Der Priester fährt fort:

Stecke deiner Braut den Ring der Treue an und sprich: Im Namen des Vaters und des Sohnes und des Heiligen Geistes.

Der Bräutigam nimmt den Ring, steckt ihn der Braut an und spricht:

Im Namen des Vaters und des Sohnes und des Heiligen Geistes.

Derselbe Dialog findet dann zwischen dem Priester und der Braut statt.

Die Bestätigung der Vermählung

Der Priester zu den Brautleuten:

Nun reicht einander die rechte Hand.

Der Priester umwindet die beiden ineinander gelegten Hände mit der Stola, legt darüber seine eigene Hand und spricht:

Der Herr, unser Gott, festige den Ehebund, den ihr vor ihm und seiner Kirche geschlossen habt. Zum Volk gerichtet fügt er hinzu: *Euch alle aber, die ihr zugegen seid, nehme ich zu Zeugen dieses heiligen Bundes. Was Gott verbunden hat, das darf der Mensch nicht trennen.*

Die Brautleute knien nieder, und der Priester erteilt ihnen den feierlichen Brautsegen. Danach wird die Hl. Messe wie üblich mit den Fürbitten, der Gabenbereitung, usw. fortgesetzt.

II. Impulse zur ständigen Erneuerung der Ehe

Das „Ja", das vor dem Altar ausgesprochen wurde, muss von den Eheleuten an jedem Tag ihres Lebens wiederholt werden, denn die Hochzeit ist nichts anderes als der Beginn eines Weges, der Stück für Stück beschritten werden muss. Auch wenn der Enthusiasmus der ersten Zeit dieser „Geschichte der Liebe" sich immer mehr verflüchtigt, heißt das noch lange nicht, dass die Liebe erloschen ist: ihre Gestalt wird einfach anders und kann mit den verschiedenen Wechselfällen des Lebens immer tiefer werden.

Ein Sprichwort sagt: „Gut begonnen, halb' gewonnen." In Bezug auf die Ehe ist aber diese zweite „Hälfte" oft der schwierigere Abschnitt, in dem vieles auf die Probe gestellt wird. Manchmal kann ein Ehepartner sogar den Eindruck bekommen, den anderen nicht mehr zu lieben oder nicht mehr vom anderen geliebt zu werden. Gerade in einer solchen Situation ist es wichtig, daran zu denken, dass der Ehebund das Entscheidende ist. Das Sakrament ist unauflöslich und stellt als solches einen Aufruf nach bestimmten, im Eheleben erforderlichen Antworten dar, die wir in den nächsten Kapiteln näher betrachten wollen.

7. Wie die Liebe zwischen den Eheleuten erhalten und gestärkt wird

a. Das tägliche Bemühen um die gegenseitige Liebe

Mit Geduld, Eifer und Aufmerksamkeit eines sorgfältigen Gärtners muss die eheliche Liebe gepflegt werden. Sie lebt und wächst – wie eine Pflanze! Man kann sie nicht lange in einer Tiefkühltruhe oder gut in Watte verpackt aufbewahren: sie wächst oder stirbt. Der gefährlichste Feind der Liebe ist die Gewohnheit, das heißt der Verlust des Eifers, sich immer neu um die gegenseitige Liebe zu bemühen. Dann kann die Liebe erkalten und traurig zugrunde gehen.

Es handelt sich dabei nicht um einen plötzlichen Verlust, sondern um einen Prozess, der sich manchmal sehr langsam entwickelt und am Anfang noch völlig unscheinbare Formen annimmt. Die Folgen werden oft erst dann wahrgenommen, wenn eine Umkehrung dieses Vorgangs, der seine eigene Dynamik entwickelt, nur mehr schwer möglich ist. Um das zu vermeiden, müssen sich beide Eheleute jeden Tag neu um die gegenseitige Liebe bemühen. Die Liebe nährt sich von vielen kleinen Gesten und Aufmerksamkeiten, wozu auch das Lächeln, die herzliche Umarmung und eine kluge Rücksichtnahme gehören. Intuitiv oder aus Erfahrung vermeidet man, was den anderen stört und versucht stattdessen, dem anderen Freude zu bereiten.

Nehmen wir beispielsweise die Pünktlichkeit: Wie oft sagt der Gatte der Gattin, nicht mit ihr auszugehen, wenn sie sich nicht rechtzeitig umzieht oder, weil sie doch pünktlich sein will, dann alles in Unordnung zurücklässt? Man kann an solchen Tagen die Arbeiten des Haushalts vorausplanen und dann zum abgemachten Zeitpunkt bereit sein.

Natürlich gilt das auch für die Ehemänner. Wie kann man von der Ehefrau verlangen, dass sie den Ehemann mit einem Lächeln empfängt, nachdem sie dreimal das Abendessen aufgewärmt hat? Manchmal kann wirklich etwas Unvorhergesehenes eintreten, aber in vielen Fällen ist die Verspätung Folge der eigenen Launen, der Unordnung, der Trägheit und damit letztlich von Egoismus und mangelnder Aufmerksamkeit gegenüber der Ehefrau.

Auch im geschlechtlichen Leben des Ehepaares haben die kleinen Aufmerksamkeiten und Zärtlichkeiten eine entscheidende Bedeutung, wenn man nicht möchte, dass der eheliche Akt banalisiert und auf eine bloße Impulsbefriedigung reduziert wird. Die Sprache des Körpers muss die ganze menschliche Person mit einbeziehen, kann ein „Zwiegespräch der Körper" werden. Die Gattin darf es nicht versäumen, ihre Anziehungskraft und ihr Äußeres zu pflegen. Wie sagt es doch treffend ein italienisches Sprichwort: „Wenn die Gattin sich nicht vernachlässigt, sucht der Ehemann auch keine Abenteuer." Aber auch der Ehemann soll Sorge für sein Äußeres tragen.

Die größte Versuchung für den Mann ist seine berufliche Arbeit, in die er – getrieben vom Wunsch nach Bestätigung – seine ganze Energie setzt. Doch mit einem solchen Verhalten wälzt er die ganze Belastung des Haushalts, der Erziehung und der Familie auf seine Frau ab.

Später werden wir noch über die Gemeinschaft sprechen, über die Tugenden des ehelichen Lebens und die Erziehung der Kinder. Bevor wir den Ehemännern oder Ehefrauen spezielle Anregungen geben, fassen wir einige Punkte zusammen:

– Die eheliche Liebe ist nicht eine reine Gefühlssache, sondern eine Ganzhingabe, unwiderruflich und ausschließlich. Zu ihr steht man daher in Treue, wenn man das eigene „Ja" auch dann erneuert, wenn es Mühe kostet.

– Die Ehegatten sollten sich jeden Tag bemühen, sich der Liebe des Partners würdig zu erweisen, denn man darf nicht vergessen, dass die Hochzeit nur der erste Stein eines Bauwerks ist, das gemeinsam gebaut werden muss.

– Die Liebe nährt sich von kleinen Gesten und Aufmerksamkeiten. Aus Zuneigung kann man vermeiden, was den anderen stört, und das tun, was den anderen erfreut.

– Wer heiratet, nimmt den anderen an, wie er ist, mit seinen Grenzen und Fehlern; und hilft ihm sehr liebevoll, sich zu bessern.

– Die Arbeit, die gesellschaftlichen Beziehungen oder das persönliche Hobby sind nie so wichtig, dass die nötige Zeit für den Ehegatten fehlt.

– Familiäre Entscheidungen werden zusammen mit deinem Ehegatten getroffen. Und wer nachgibt, beschwert sich später nicht, wenn Schwierigkeiten auftauchen.

– Auch in der Ehe respektieren beide eine vernünftige Unabhängigkeit und Freiheit des anderen, indem sie bei anderen das Recht anerkennen, weiterhin persönliche Interessen zu pflegen.

– Der Einfluss der Eltern sollte in den wesentlichen Fragen des Ehelebens und der Erziehung auf eine Beratung – falls überhaupt erwünscht – beschränkt sein.

– Es gibt eine kultivierte Art zu streiten, die beide Ehepartner lernen können. Nach einem heftigen Streit muss einer den ersten Schritt zur Versöhnung gehen. Im nächsten Kapitel gibt es „10 Gebote, um gut zu streiten.".

b. *Ratschläge für die Ehefrauen*

Die erste Aufgabe der Ehefrau ist es, die Liebe des Ehemannes ihr gegenüber lebendig zu erhalten. Wenn Aufgaben und Sorgen, die Pflichten gegenüber den Kindern oder die Arbeit außerhalb des Hauses die Ehefrau daran hindern, ihrem Ehemann viel Zeit zu schenken, kann sie ihm ihre Zuneigung in kleinen Aufmerksamkeiten der Liebe beweisen, die nicht viel Zeit erfordern.

Sie kann sich für die Arbeit des Ehemannes, für seine Pläne und beruflichen Schwierigkeiten interessieren. Selbstverständlich soll sie sich nicht in seine Entscheidungen einmischen, doch mit Klugheit und einer gewissen Diskretion kann sie Interesse für seinen Beruf zeigen, da es sich normalerweise um einen für ihn wichtigen Lebensbereich handelt. Und wenn sie ihn wirklich liebt, wird sich diese Anteilnahme auch auf alles beziehen, was ihn interessiert, begeistert oder beschäftigt, selbst wenn es sich um seine Lieblingsmannschaft handelt.

Eine Ehefrau könnte sich hin und wieder folgende Fragen stellen:

– Liebe ich ihn noch so wie in der ersten Zeit unserer Ehe oder gibt es einen anderen Mann, den ich für verständnisvoller, liebenswürdiger und unterhaltsamer halte?

– Setze ich die Beziehung zu ihm aufs Spiel wegen Fragen, die als sehr wichtig erscheinen, es aber vielleicht gar nicht sind?

– Bestürme ich ihn sofort mit meinen Problemen, wenn er gerade zur Tür hereinkommt?

– Verwöhne ich ihn manchmal mit seinem Lieblingsgericht, weil es ihm gut tun könnte?

– Täusche ich manchmal eine Nervenkrise oder verschiedene Schmerzen vor, um meinen Ehemann dazu zu bringen, das zu tun, was ich will?

– Achte ich auf mein Äußeres, um ihm eine Freude zu bereiten?

– Beneide ich andere Ehefrauen, vergleiche ich zu viel und bin deshalb häufig unzufrieden mit unserem Leben?

c. Ratschläge für die Ehemänner

Es gibt Ehemänner, die ihrem Auto oder Computer mehr Beachtung zu schenken scheinen als ihrer Ehefrau. Und wie oft ist der Einsatz, die berufliche Position zu verbessern, größer als derjenige, die Liebe zur Gattin lebendig zu erhalten und zu bereichern.

Langsam ist man soweit, die Würde der Frau der des Mannes gleichzustellen, und ihre Rechte anzuerkennen. Das Bewusstsein ihrer wichtigen Funktion in der Gesellschaft wird größer. Niemand wundert sich darüber, dass eine Frau einen Beruf ausübt und auch Stellungen mit großer Verantwortung innehat. Bekannt sind die Aussagen Papst Johannes Pauls II., der den schöpferischen und bedeutsamen Beitrag der Frauen für unsere Gesellschaft für unverzichtbar hält.

Eine berufstätige Frau wird geschätzt, angehört, gut bezahlt und hat ihre Ferien. Wenn sie aber heiratet und Kinder bekommt, kann es vorkommen, dass sie teilweise oder ganz auf ihre Karriere verzichten muss, um sich ihren Kinder und dem Haushalt widmen zu können. Im Leben einer Mutter und Hausfrau ist dann die Freizeit plötzlich verschwunden, auch die Wertschätzung der anderen, die Bezahlung, die Ferien. Aber ist das wirklich ein so trostloses Schicksal?

Natürlich ist es nicht einfach, einen Beruf mit geregelter Wochenarbeitszeit mit den häuslichen Aufgaben zu vergleichen, aber wer sich den häuslichen Pflichten und der Erziehung der Kinder widmet – Pflichten, die viel Mühe und Geduld kosten –, sollte gleich viel oder mehr Wertschätzung verdienen als eine Frau, die eine glänzende Karriere verfolgt. Der Ehemann kann die Hausarbeit der Ehefrau schätzen und sie ihr erleichtern, besonders in kritischen Momenten wie bei Familienfesten, vor oder nach der Geburt eines Kindes, usw. An allen Tagen ist es wichtig, dass der Ehemann seiner Frau tatkräftig im Haushalt hilft.

Der Ehemann kann sich hin und wieder folgenden Fragen stellen:

– Wächst meine Liebe zu meiner Frau immer mehr oder lasse ich mich durch andere Frauen „bezaubern"? Kenne ich unseren Hochzeitstag, auch den Geburtstag meiner Ehefrau und die Jahrestage, die ihr am Herzen liegen?

– Beklage ich mich bei meiner Ehefrau über meine Arbeit? Interessiere ich mich auch für ihre Probleme und die Kinder?

– Zeige ich ihr, dass ich sie gerne habe? Sage ich ihr, dass ich sie liebe. Überlege ich mir spontane Überraschungen, weiß ich, worüber sie sich besonders freut?

– Bin ich davon überzeugt, dass das wichtigste Unternehmen meines Lebens meine Familie ist – meine Ehefrau und meine Kinder? Das heißt natürlich nicht, dass es ausreicht, bloß das nötige Geld zum Leben nach Hause zu bringen.

– Versuche ich meiner Frau zu helfen, wenn ich nach Hause komme? Wenn dann noch Zeit bleibt, kann ich die Zeitung lesen.

– Gebe ich mir Mühe, sie auch durch mein Äußeres zu gewinnen und für mich zu begeistern?

– Finde ich immer genügend Zeit für sie und die Kinder, auch wenn ich dafür auf eigene Interessen und meine Bequemlichkeit verzichten muss?

8. Die Kommunikation zwischen den Ehepartnern

Das Eheglück hängt weniger von großen, spektakulären Ereignissen, als vielmehr von den kleinen und unscheinbaren Alltäglichkeiten ab. Es ist z.B. nicht unwichtig, wie man sich am Abend empfängt oder wie man am Telefon miteinander spricht. Eine Ehe gemeinsam aufzubauen, bedeutet auch, sich nicht über das nicht ganz gelungene Essen zu beklagen, über die ungebügelten Hemden, über die unauffindbare Zeitung, über die offenen Schubladen, oder darüber, dass der Kaffee bald aufgebraucht ist.

Im Leben eines Ehepaars ist die gegenseitige Kommunikation außerordentlich bedeutsam. Eine chinesische Geschichte erzählt von einem Mann, der zu seiner Frau sagte: „Ich habe viel zu tun; aber alles, was ich tue, ist für dich." Doch sie hatten nie Zeit zum Sprechen, und als sie sich dann eines Tages begegneten, wussten sie sich nichts zu sagen.

Nach den ersten sorglosen Jahren der Kindheit erfährt der Jugendliche die ersten Schwierigkeiten in der Kommunikation. Man tendiert dazu, sich zu verschließen und auf empfindliche Art und Weise die eigene Unabhängigkeit zu verteidigen. Es scheint, dass der Jugendliche sich nur in einer Gruppe von Freunden verständigen kann, aber auch dort ist jeder eine Persönlichkeit, die seine eigene Anerkennung sucht. Das „Alleinsein" ist eine Erfahrung, die jeder – mehr oder weniger – in seinem Leben gemacht hat. Zur Einsamkeit gesellt sich auch die Traurigkeit, die oft hinter einer ernsten Miene verborgen ist. Auch Adam verspürte vor der Erschaffung Evas diese Einsamkeit, „er fand keine Hilfe, die ihm entsprach" (Gen 2,20); er empfing daher die Frau als ein unvergleichliches Geschenk, und als er in ihr jemanden entdeckte, mit dem er sich verständigen konnte, rief er voll Freude aus: „Das ist endlich Bein von meinem Bein und Fleisch von meinem Fleisch" (Gen 2,23).

Das ist die Erfahrung, die sich in jedem Eheleben einstellen müsste: die offene und tiefgehende Kommunikation mit dem eigenen Ehegatten als Quelle der Freude, des Friedens und der Überwindung der Einsamkeit.

In der Ehe als einer Lebens- und Liebesgemeinschaft ist die Kommunikation zwischen den Eheleuten von fundamentaler Bedeutung.

Das Eheleben darf sich nicht auf die Begegnung zweier Körper reduzieren, es muss die Beziehung der Herzen einschließen.

Es gibt ein merkwürdiges Phänomen: Frauen unterhalten sich oft recht angeregt über die Kommunikation in der Ehe und haben da auch einiges zu sagen, bei Männern ist der Unterhaltungswert solcher Gespräche vermutlich noch größer. Aber zwischen Mann und Frau ist die Kommunikation selten ein Thema, jedenfalls keines, über das man ruhig und sachlich spricht. Wenn es zum Thema geworden ist, dann wegen einer gewissen Dringlichkeit, die auch den Ton des Gesprächs zu prägen pflegt. Dabei können zahllose Eheberater und Psychologen bestätigen, dass Mängel in der Kommunikation zwischen den Ehepartnern – das muss nicht immer das zeitunglesende oder fernsehstarrende Schweigen sein – eine der Hauptursachen von Ehekrisen sind, und zwar in allen Lebensphasen.

Die Sache ist hoffnungslos, aber nicht ernst, würden jetzt die Wiener sagen. Es gibt in der Tat keine fertigen Rezepte gegen das Schweigen oder das Vielreden. Das Maß der Kommunikation ist eine Frage der Person und ihres Persönlichkeitsraums. Und der Kommunikation selbst. In den siebziger Jahren kam – vor allem an der Münchner Universität und ihrer Denkwerkstatt der Publizistik – eine Theorie auf, nach der es bei der Kommunikation weniger auf das gesprochene Wort als auf das Sprechen selbst und seine Umstände ankomme. Es ist die Theorie vom Kommunikationsraum. Sie wurde später vielfach bestätigt. In der Tat ist nicht nur der Inhalt eines artikulierten Sachverhalts entscheidend, um andere Menschen von ihm zu überzeugen, sondern mehr noch die Körpersprache, die Stimme, der Augenkontakt. Sie sagen mehr als tausend Worte.

Kommunikation ist nicht nur eine Sache des Verstandes. Etliche Denker und Wissenschaftler, vor allem Amerikaner, Briten und Franzosen, haben sich im Lauf der Geschichte Gedanken über die soziale Natur des Menschen und seine Kommunikationsfähigkeiten gemacht. So kam der Philosoph Jean-Jacques Rousseau zu dem Ergebnis: „Der Mensch, das soziale Wesen, ist immer wie nach außen gewendet: Lebensgefühl gewinnt er im Grunde erst durch die Wahrnehmung, was andere von ihm denken." Deshalb ist die Isolation, das permanente Misstrauen, eine Art Folter, die der Mensch kaum auszuhalten vermag. Schon John Locke schrieb: „Wer überhaupt ein menschenähnliches Wesen hat, bringt es nicht fertig, in einer Welt zu leben, in der ihm seine Mitmenschen ständig abweisend und verächtlich begegnen. Diese Last ist zu schwer, als dass ein Mensch sie ertragen könnte."

Ohne anerkennende Beziehung ist der Mensch nicht denkbar. Es ist nicht gut, dass der Mensch alleine sei, heißt es schon in der Genesis, und die zehn Gebote regeln die Beziehungen des Menschen, zunächst zu Gott (die ersten drei Gebote) und dann zu den Mitmenschen, wobei die Ehe mit mehreren Hinweisen den ersten Platz einnimmt. Sie ist der menschlich intimste Kommunikationsraum. Sie erkannten einander, heißt es bezeichnenderweise im Alten Testament, wenn vom ehelichen Akt die Rede ist. Und auch Maria sagt zum Engel: „Wie wird das geschehen, da ich keinen Mann erkenne?" (Lk 1,34). Intimer als diese Erkenntnis ist nur der Raum des Gebetes, der Selbsterkenntnis vor Gott.

Die Anerkennung durch Kommunikation ist von großer Bedeutung. Wer heiratet, tut das in der Regel, um glücklich zu werden mit diesem Menschen, der ihm/ihr anver- und angetraut ist. Hier wird der innere Zusammenhang deutlich zwischen Glück und Wahrheit, mithin auch über das Wesen der Kommunikation. Sie muss wahrhaftig sein. Augustinus kleidete es in diese Worte: „Das glückliche Leben ist nichts anderes als die Freude, welche die Wahrheit erzeugt. Und diese Wahrheit findet man in Dir, Herr, in Dir der höchsten Wahrheit." Die Kommunikation im intimen Raum der Person lebt von dieser Voraussetzung der Wahrheit. Die Erkenntnis muss auf der Wahrheit ruhen. Deshalb ist die Aufrichtigkeit für die Kommunikation in der Ehe unverzichtbar. Das erfordert sicher manchmal auch den Mut, eigene Schwächen und Fehler einzugestehen. Aber ohne das Bemühen um absolute Aufrichtigkeit läuft das Schiff der Ehe Gefahr, auf eine Sandbank aufzulaufen oder gar an den Klippen des Lebens zu zerschellen.

Wie sieht das konkret aus? Eigene Wünsche und Erwartungen sollten mit denen des Partners abgestimmt werden. Das kann durch Gesten, Haltungen, Blicke und Worte geschehen. Geschieht es nicht, findet die Abstimmung nicht statt, kann es zu Enttäuschungen kommen. Die geheimen Wünsche teilt man dem anderen mit. Sie kommen so aus der eigenen Gedankenwelt heraus in den Raum der Zweisamkeit. „Was nur einer weiß, weiß keiner", sagt der Philosoph Wittgenstein in verblüffender Klarheit. Selbstbezogene Grübeleien und Geheimniskrämereien verzerren die Kommunikation. Die Wahrheit beginnt zu zweit.

Wie aber stimme ich mich mit dem anderen ab? Wie rede, wie kommuniziere ich? Das ist zunächst eine Frage des persönlichen Stils. Sprache, nicht nur die gesprochene und geschriebene, ist „die Physiognomie des Geistes", meinte Schopenhauer; sie ist „der Geistleib des Menschen", so Humboldt. Sie kann grobschlächtig und holzschnittartig sein und auf Ansprüchen und Rechten beharren. Sie kann überaus feinfühlig und übertrieben verziert daherkommen, schön aber verwirrend. Es gibt keine allgemeingültige Grammatik für die Sprache der Ehe. Jedes Ehepaar findet, ja erfindet seine eigene Sprache, weil es in seinem eigenen, unverwechselbaren Kommunikationsraum lebt. Dieser Raum ist organisch, er entwickelt sich. Oder er wuchert dahin. Was sich allgemein sagen lässt, ist dies: Ehepartner können aktiv an diesem Kommunikationsraum arbeiten, am besten auch gemeinsam. Die Sprache der Liebe, auch des Leibes, wird gelegentlich thematisiert werden, nicht nur in puncto Sexualität, sondern auch bei den vielen anderen Ausdrucksformen der Liebe. Dazu gehören Offenheit und Aufrichtigkeit. Sie sind Schlüsselelemente zum Verständnis der persönlichen Grammatik. Auch der Großmut zum Öffnen des eigenen Herzensbuches gehört dazu. Und das feinfühlige Bemühen, es dem anderen leichter zu machen, sein Herz zu öffnen. Diese Offenheit verobjektiviert in einem positiven Sinn, sie schafft Distanz zum Ich und Zuwendung zum Du. Johannes Paul II. sieht darin das Geheimnis des Glücks. In seiner Ansprache an die Jugend in Paris sagte er: „Wer großmütig ist, weiß ganz selbstlos Liebe, Verständnis, materielle Hilfe zu geben. Er gibt und vergisst, was er gegeben hat und darin liegt sein ganzer Reichtum. Er hat entdeckt, dass Lieben wesentlich bedeutet, sich für andere hinzugeben. Weit entfernt davon, eine gefühlsmäßige, instinktmäßige Zuneigung zu sein, ist die Liebe vielmehr eine bewusste Willensentscheidung, auf andere zuzugehen. Um wahrhaft lieben zu können, muss man sich von allen Dingen und vor allem von sich selbst absehen und unentgeltlich geben können. Diese Selbstentäußerung – ein

Werk, das lange Zeit beansprucht – ist mühsam und erhebend. Sie ist die Quelle des inneren Gleichgewichts. Sie ist das Geheimnis des Glücks."

In dieser Selbstentäußerung, in dieser Freiheit von sich selbst, ist man fähig, den anderen unbefangen und in seiner eigentlichen Verfasstheit zu sehen. Einen Menschen lieben, heißt ihn so sehen, wie Gott ihn gemeint hat, schreibt Dostojewski. Das gilt natürlich zuallererst für den Ehepartner. Diese Unbefangenheit ermöglicht es auch, gelassen über gemeinsame Projekte, über Erfolge und Misserfolge zu reden ohne den anderen oder sich selbst damit zu identifizieren. Das ermöglicht auch, das Recht auf Fehler anzuerkennen. Nicht um den Fehler gutzuheißen, sondern um die Unterscheidung zu treffen zwischen dem Fehler und der Person.

Zur unbefangenen Erkenntnis des anderen gehört sicher auch das Bemühen, die Unterschiede in der Psyche zwischen Mann und Frau kennenzulernen. In der Dualität der Personen liegen nicht nur Ergänzung, sondern auch Erfüllung. Das setzt voraus, seine eigene innere Begrenztheit wahrzunehmen und damit auch seinen Bedarf an Ergänzung, vor allem in der Erziehung der Kinder. Über die Wesenunterschiede von Frau und Mann sind viele Bücher geschrieben worden. Der Feminismus hat sich an diesem Thema ausgetobt, übrigens nicht immer mit guten Folgen für die moderne Gesellschaft. Es mag genügen, in diesem Zusammenhang an das weise Wort von Jutta Burggraf zu erinnern: „Ziel der Emanzipation ist es, sich der Manipulation zu entziehen, nicht Produkt zu werden oder Kopie, sondern Original zu sein."

Nur die zwei Originale werden zur Ergänzung, zur Erfüllung ihres Menschseins in der Ehe gelangen. In diesem Sinn ist die Beziehung zwischen Mann und Frau auch die engste menschliche, die Ur-Beziehung. Tertullian schreibt geradezu schwärmend: „Wie vermag ich das Glück jener Ehe zu schildern, die von der Kirche geeint, vom Opfer gestärkt und vom Segen besiegelt ist, von den Engeln verkündet und vom Vater anerkannt? … Welches Zweigespann: Zwei Gläubige mit einer Hoffnung, mit einem Verlangen, mit einer Lebensform, in einem Dienste; Kinder eines Vaters, Diener eines Herrn! Keine Trennung im Geist, keine im Fleisch … Wo das Fleisch eins ist, dort ist auch der Geist eins." In unserer Zeit formuliert es Johannes Paul II. in seinem Schreiben *Familiaris consortio* so: „Die eheliche Liebe hat etwas Totales an sich, das alle Dimensionen der Person umfasst ... sie ist auf eine zutiefst personale Einheit hingeordnet, die über das leibliche Einswerden hinaus dazu hinführt, ein Herz und eine Seele zu werden." Die Ehe ist, wie Paul VI. in der prophetischen Enzyklika *Humanae vitae* schreibt, die sublimste, innigste und umfassendste Form personaler Freundschaft. Und schon lange vor ihm bezeichnete Papst Leo XIII. die Ehe als „die höchste Gemeinschaft und Freundschaft."

a. Wann und weshalb bricht die Kommunikation ab?

Wir alle wissen, dass ein gutes Gespräch oft nicht von selbst in Gang kommt. Sich zu verständigen bedeutet, sich mitzuteilen, den anderen an den eigenen Gefühlen und Bedürfnissen Anteil nehmen zu lassen, an den Freuden und Hoffnungen; es geht darum, sich tiefgehend mit dem anderen in Beziehung zu setzen, um sich gründlich kennenzulernen. Man kann aber auch viel sprechen, ohne sich dabei zu verständigen, ohne sich mitzuteilen; man kann vom Sport reden, von der Mode, vom Geld oder vom Klatsch der Nachbarn, ohne in Wirklichkeit das mitzuteilen, was man innerlich erlebt. Es gibt redselige Menschen, die gleichzeitig darauf bedacht sein, ihr Inneres ja nicht zu eröffnen.

Fachleute sagen, dass die Kommunikation das „Hintergrundrauschen der Beziehung" ist. Mit unseren Worten und unserer Körpersprache gehen wir eine Beziehung ein. Der junge Mann, der eine junge Frau fragt: „Willst du mit mir am Samstag Pizza essen gehen?", fragt nicht nur: „Wohin gehen wir? Wann treffen wir uns? Welche Pizza willst du essen?", sondern er fragt sie vielmehr: „Bin ich dir gut genug, um mit dir auszugehen?" Oder wenn die Eltern ihrem Sohn die belanglose Frage stellen: „Wie war es heute in der Schule?", wollen sie nicht wissen, was der Mathematik- oder Englischlehrer erklärt hat, sondern ob ihr Sohn sich gut verhalten oder daneben benommen hat.

Um gut kommunizieren zu können, braucht wir eine richtig funktionierende Beziehung. Die Kommunikation kann entweder in einen Teufelskreis führen oder auch eine innige Vertrautheit bewirken: eine schlechte Kommunikation erzeugt den Verfall der Beziehung, eine gute hingegen verbessert sie.

Die Kommunikation zwischen Eheleuten kann daher sowohl ein Alarmzeichen als auch ein Hilfsmittel sein, die Beziehung zueinander zu festigen. „Wie sprechen wir miteinander, wie verständigen wir uns?" sollte die erste Frage unter Eheleuten sein, denn jede Verschlechterung in der Kommunikation setzt einen Mangel in der Beziehung zwischen Ehemann und Ehefrau voraus und macht diesen offenbar.

Leider nimmt man in vielen Ehen die Kommunikation als ganz selbstverständlich wahr und bemüht sich hier nicht genug. Und schließlich gehen sich Mann und Frau fast ängstlich aus dem Weg: das persönliche Gespräch wird eingestellt, und schon kommen die Probleme. Man versucht die Leerräume mit Fernsehen, Zeitung, Zeitvertreib oder Telefonanrufen auszufüllen. Besonders die Arbeit (auch jene im Haushalt, im Garten oder bei Renovierungen) wird zur Zuflucht, um dem persönlichen Gespräch unter vier Augen auszuweichen.

Manchmal kann es schwierig sein, mit dem anderen zu sprechen und sich mitzuteilen, da er verbittert ist – vielleicht sogar seines eigenen Verhaltens wegen; oder er ist bedrückt oder traurig und hat Angst, nicht ernstgenommen zu werden, wenn er ein wenig Zärtlichkeit möchte. Aus verschiedenen Gründen – hauptsächlich aus Stolz – vermeiden wir es, dem anderen wirklich zu zeigen, wie wir sind. Auf diese Weise bleiben wir einander unbekannt und fremd.

Nun wollen wir einen kurzen Überblick von Kommunikationssituationen geben, die in Familien häufig auftreten. Das heißt nicht, dass diese notwendigerweise Hinweis auf eine tiefe Krise sind: das wäre dann der Fall, wenn sie die Kommunikation bestimmen oder sich die Kommunikation auf diese beschränkt.

Es kann sein, dass nach den ersten Monaten oder Jahren des Ehelebens die mündliche Kommunikation abnimmt, hingegen die der „Taten" zunimmt. Auch die Geburt der Kinder kann eine Ursache dieser Veränderung sein, die man nicht auf die leichte Schulter nehmen darf.

Manchmal haben die Eheleute nicht einmal Zeit, miteinander zu sprechen, da immer etwas zu tun ist – besonders wenn Kinder da sind.

Unter dem Anschein eines großzügigen Verhaltens vergessen die Eheleute, dass sie als gemeinsames Paar immer an erster Stelle stehen müssen, auch wenn das Kind Fieber hat. Die Familie lebt nämlich auf Grund der Einheit des Ehepaares. Eine gute Beziehung zwischen Ehemann und Ehefrau dient der ganzen Familie; wenn sich hingegen die Einheit der Ehe unter dem Vorwand der Kinder auflöst, zermürbt sich früher oder später auch die Familie, bis sie zerbricht.

Nach den ersten Jahren des Ehelebens kann sich die mündliche Kommunikation verändern; sie wird pragmatisch, sie begnügt sich mit dem Notwendigen; man verschließt sich und sinnt Hintergedanken. Oft sagt man sich nicht einmal mehr „danke". Ein Beispiel: Er sagt: „Es ist kalt in diesem Zimmer." Sie schließt das Fenster, er denkt: „Ich habe dich nicht darum gebeten, deshalb brauche ich dir auch nicht zu danken."

Man vermeidet es, die eigenen Gedanken deutlich auszudrücken und macht „sachliche" Feststellungen, wendet sich nicht freundschaftlich an das Herz des anderen. Sie sagt: „Dieses Kleid passt mir wirklich nicht mehr. Ich habe nichts mehr zum Anziehen." Er denkt: „Du täuschst dich, wenn du meinst, ich werde dir ein Kleid schenken, wo du doch den ganzen Schrank voll hast."

Sie denkt: „Dieses Jahr schenkst du mir ... nein, ich kaufe es mir selbst, damit du mir nichts Falsches kaufst." Oder am Telefon. Sie sagt: „Wie geht es dir?" Er antwortet: „Ich bin hier." Sie: „Ich habe dich gefragt, wie es dir geht." Er: „Wie willst du, dass es mir geht?"

Nun wollen wir Anregungen geben, wie die Kommunikation verbessert werden kann.

b. Tips für die Kommunikation

Den psychologischen Raum der Verlobungszeit lebendig erhalten

Nicht nur bei frisch Vermählten, sondern auch bei weniger jungen und älteren Ehepaaren kann man – muss man – sich darum bemühen, jene Haltung des Geistes und des Herzens bewahren, die bewirkt, dass man gerne die Zeit mit dem anderen verbringt. Man hat nie genug Zeit, um miteinander zu sprechen, aber man sollte wenigstens jene

Zeit ausnützen, die einem zur Verfügung steht und sie zusammen verbringen. Diese Grundhaltung lässt sich auch in folgende Worte fassen, die jeder der beiden einander sagen könnte: „Alles, was ich für dich tue, fällt mir überhaupt nicht schwer; ich sage dir nicht einmal, dass ich es speziell für dich gemacht habe".

Den psychologischen Raum der Verlobungszeit zu erhalten, bedeutet auch, jegliche rituelle Starrsinnigkeit zu vermeiden wie z.B.: „Zu welcher Uhrzeit wirst du mich anrufen?" Man muss lernen, die Liebe in Freiheit zu leben, in Achtung, aus Verantwortung und im Vertrauen. Der psychologische Raum der Verlobungszeit will und darf nicht der Alptraum einer Allgegenwart sein. Man muss nicht alles, was man tut, gemeinsam und nur gemeinsam tun.

Man würde seine eigene Existenz zerstören, wenn man sich verpflichtet fühlen würde, alles gemeinsam zu tun, zum Beispiel zusammen den Einkaufswagen im Supermarkt herumzufahren oder beim Fußballmatch unbedingt gemeinsam anwesend zu sein. Man spricht deshalb vom psychologischen Raum der Verlobungszeit, weil das die Zeit ist, in der man viel miteinander redet, in der man sich viel schreibt. Damit das auch in der Kommunikation der Ehepartner so sei, ist es notwendig, dass Gatte und Gattin etwas von einer Liebe aufrechterhalten, wie man sie unter Freunden findet. Es ist ein Weitergeben von Gedanken, von Kultur; man hört sich zu und denkt darüber nach. Es gibt eine Liebe, die das Ehepaar sowohl in der Einheit wie auch in der Intimität lebendig erhält. Es ist die Liebe der sich Liebenden.

Der Wunsch sich zu verständigen

Alle haben ein grundsätzliches Bedürfnis nach Kommunikation, den Wunsch, sich zu verständigen und miteinander auszutauschen. Das bedeutet konkret, dass man die Zeit und die Art und Weise finden muss, um sich zu verständigen. Es scheint, dass das eine vergessene Sache ist. Wenn ich wirklich etwas möchte, werde ich mich dafür einsetzen; jede Entscheidung für etwas bedeutet einen Verzicht auf etwas anderes und erzeugt eine neue Verantwortung. Wenn ich mich mit meiner Familie gut verstehen will, entscheide ich mich dafür, meiner Frau und meinen Kindern mehr Zeit zu widmen. Gleichzeitig werde ich auf persönliche Freizeit verzichten. Die Zeit für das Gespräch wird bei anderen Tätigkeiten fehlen: bei der Arbeit, bei persönlichen Interessen, dem Fernsehen, der Zeitung, einem Buch oder den Freunden. Letztlich ist das ein Verzicht, zu dem ich ja gesagt habe, als ich mich entschieden habe zu heiraten. Aber für wen verzichte ich? Für „uns", für unsere Gemeinschaft verzichte ich. Das Wort „Kommunikation" bedeutet ja gerade das Entstehen einer Einheit miteinander.

Man muss sich Zeit nehmen

Wir alle haben den Eindruck, dass wir niemals Zeit genug haben; im Wettlauf mit der Zeit sehen wir uns immer als Verlierer. Wenn der Gatte meint, er habe wegen seiner Arbeit gar keine Zeit mehr, sich seiner Familie zu widmen, setzt er einen Teufelskreis in Gang: je weniger Zeit er sich nimmt, desto enttäuschter ist seine Frau. Und je unzufriedener sie ist, desto weniger Zeit widmet er ihr. Tatsächlich kann man ja immer Gründe finden: ein Arbeitsessen, die Übertragung eines wichtigen Fußballspiels, ein Abend mit den Freunden, dringende Arbeiten ... Der Ehemann kann lernen, Zeit zu finden, indem er auf das verzichtet, was ihm die Zeit für seine Frau und seine Kinder nimmt.

Das tägliche Rendezvous

Die Dynamik der Ehe hat ihre Spontaneität und sicher ist kaum etwas so schädlich wie langweilige Routine. Aber der Mensch braucht auch Fixpunkte der Orientierung, Meilensteine in Raum und Zeit. Für die Kommunikation sind das zum Beispiel feste Zeiten des Tages, je nach Planungsmöglichkeit. Ohne Planung wird es sie im Trubel einer Familie mit Kindern kaum geben. Oder sie werden im Flimmern des Fernsehens vergehen. Nicht nur das Gespräch gehört zum täglichen „Rendezvous", es kann auch das gemeinsame Essen, der gemeinsame Spaziergang oder Sport, der Theaterbesuch oder das Spielen mit den Kindern sein. Wichtig ist, sich eine bestimmte Zeit zu schenken. Das festigt eine gute Rangordnung, schafft Anerkennung vor jeder Leistung und stärkt das Selbstwertgefühl.

Die Meinungsforscherin Elisabeth Noelle-Neumann hat einmal die öffentliche Meinung als die „soziale Haut" der Gesellschaft bezeichnet. Es gibt diese schützende, atmende und lebendige Haut auch in der

Ehe. Es gibt die Kommunikation im guten Einvernehmen oder wenigstens mit der Absicht, im Konsens zu leben. Ohne dieses gegenseitige Verstehen, ohne diese Haut ist alles wund, wird jedes Wort schmerzhaft empfunden, wird die Beziehung überempfindlich. Das tägliche, persönliche Rendezvous ist wie eine Hautcreme. Es hält die eheliche Haut gesund, jung, faltenlos. Wichtig sind nicht unbedingt die Worte. Ähnlich wie bei der Beziehung zu den Kindern geht es auch darum, den emotionalen Tank zu füllen. Das geschieht vorrangig über den Augenkontakt, wie die meisten Psychologen versichern. Er macht manches Wort überflüssig. Um das Glück zu finden, schreibt der heilige Escrivá, „bedarf es nicht eines bequemen Lebens, sondern eines verliebten Herzens." Darum geht es bei der Kommunikation in der Ehe: Sich immer neu zu verlieben, den Kommunikationsraum immer neu zu erhellen, Scheite nachzulegen in das Feuer des Herzens, damit der Partner sich wohl fühlt und mit uns, hoffentlich nicht trotz uns, seinen Weg zu Gott geht, glücklich und heilig wird.

Auf Vorurteile verzichten

Ohne Zuneigung kann es keine heilsame Kommunikation geben; die Zuneigung setzt voraus, dass man sich auf die gleiche Ebene wie der Gesprächspartner begibt, indem man auf jedes Vorurteil verzichtet, das – wie schon die etymologische Herkunft besagt – ein Urteil ist, das vor allen anderen Urteilen gefällt wird. Für die Kommunikation ist die Gleichheit der Bedingungen wesentlich. Es ist eine Gleichheit, die sich von der gleichen Würde eines jeden Menschen – in der vollen Anerkennung der Unterschiede – ableitet.

Sich in die Lage des anderen versetzen

Beide versuchen, sich in die Lage des anderen zu versetzen, ohne aber „der andere" zu werden. So kann ich verstehen, was den anderen beschäftigt und kann gemeinsam mit ihm eine Lösung seiner Probleme finden. Wenn ich mich aber zu sehr von der Aufregung des anderen mitreißen lasse, wird das keinem helfen. Ein Beispiel: ein Problem in der Arbeit drückt auf die Stimmung des Ehegatten. Die Gattin kann das „Warum" seiner Nervosität und seines Schweigens verstehen; aber nur wenn sie objektiv bleibt, kann sie ihrem Mann helfen, die Sache von einer anderen Seite zu sehen und zu überwinden. Wenn sie aber auch nervös wird, wird das Problem noch viel schlimmer.

Zuhören

Zuhören können ist die erste Bedingung, die notwendig ist, damit ein Dialog entsteht (eine Person, die zuhören kann, wird man immer sympathisch finden). Um die Gefühle und die Gesichtspunkte des anderen, ja den anderen selbst, begreifen zu können, ist es notwendig, sich von sich selbst, seinen Gedanken und Empfindungen, frei zu machen. Sonst laufen wir Gefahr, die Worte des anderen gleichsam zu „filtern", sie in dem Sinn zu verstehen, wie wir sie hören wollen, oder wie es unserer momentanen Laune entspricht.

Wiederholen

Eine gute Art und Weise, um sicher zu sein, dass man die Ideen des anderen verstanden hat, ist es, sie mit eigenen Worten zu wiederholen, und den anderen zu bitten, deren Richtigkeit zu bestätigen. So zeigt man ihm zusätzlich, dass er ernst genommen wird. Wenn man das, was der andere sagt, jedoch nur oberflächlich aufnimmt und sich sogar darüber lustig macht, wird es ihn immer tief verletzen.

Antworten

Damit Kommunikation entstehen kann, genügt das Zuhören allein nicht. Man muss auch antworten können. Vielleicht mag es ausreichend sein, mit „Ja", „ist wahr", „richtig", „ich bin einverstanden" oder „du hast recht" zu antworten, das dem anderen versichert und bestätigt, dass seine Mitteilung auch empfangen wurde. Man könnte meinen, dass derjenige, der schweigt, auch zustimmt, aber es ist sehr ratsam, nicht nur mit Schweigen zu antworten, denn viel menschlicher ist eine Antwort.

Übereinstimmung der Gesten

Das, was man mit Worten ausdrückt, muss mit dem Verhalten übereinstimmen. Wenn man zur Gattin sagt: „Ich höre dir zu", dann legt man auch die Zeitung beiseite oder schaltet den Fernseher ab; und wenn sie z.B. merkt, dass sie nicht rechtzeitig fertig wird, möge sie ihm das in aller Einfachheit sagen.

Klarheit

Ein Wortspiel oder ein Scherz können oft sehr angenehm sein und ein Klima guten Humors schaffen. Hingegen kann die häufige Verwendung mehrdeutiger Redensarten die Klarheit der Sprache sehr beeinflussen. Ein entschiedenes Nein ist besser als ein Ja voller Ungewissheiten.

Mut

In einer Liebesbeziehung spielen immer Gefühle mit, die diese Beziehung schön, aber auch zerbrechlich und krisenanfällig machen. Es ist oft schwierig, die Ursache dafür zu verstehen. Es kann hilfreich sein, gelegentliche Spannungen oder Missverständnisse abzubauen, indem man mutig das Herz des Gatten zu öffnen und gemeinsam das Missverständnis zu klären versucht. Unterlässt man dieses Bemühen, kann es leicht passieren, dass die beiden ihr Unbehagen in Form von Vorwürfen ausdrücken, mit gereizten Anspielungen, aus denen Groll, Bitterkeit und Verschlossenheit erwachsen. Wenn es dann zu einem offenen Konflikt kommt, wirft der eine dem anderen vor, weshalb er nicht schon vorher über das Problem gesprochen habe. Und der andere wird entgegnen: „Du hättest selber merken können, dass etwas nicht stimmt!"

Positive Kritik

Wenn man wünscht, dass der andere in einem bestimmten Punkt seine Verhaltensweise ändert, so ist es wichtig, ihm die entsprechenden Hinweise in einem möglichst positiven Sinn zu geben, damit sie ihm angenehm erscheinen. Anstatt zu sagen „Du bist ein Egoist. Du würdest mir niemals einen Gefallen tun, auch wenn ich sterben würde. Aber deine persönlichen Angelegenheiten, die vergisst du bestimmt nie", könnte man sagen „Deine Vergesslichkeit hat mich wirklich traurig gestimmt. Ich habe so sehr mit dir gerechnet, für mich war es etwas Wichtiges."

Die Lösung der inneren Zunge

Es ist noch kein Drama, wenn die Kommunikation einmal abflacht, oder es so weit kommt, dass man sich nicht mehr viel zu sagen hat. Auch dafür gibt es ein Heilmittel. In Holland gibt es beispielsweise Wochenendkurse für Ehepaare, bei denen die Kommunikation belebt wird. Die Methode ist einfach: Die Referenten geben nur einige Gedankenimpulse, etwa in Form von Fragen. Die Ehepartner beantworten diese Fragen in Briefen, die nur sie lesen und später einander vorlesen. Die Moderatoren stehen für Gespräche bereit, fordern aber nicht dazu auf. Die Kommunikationsarbeit selbst wird ausschließlich von den Ehepartnern geleistet. Das Schreiben zwingt zum Nachdenken, führt zu neuen Fragen, hebt Schätze des Lobes oder bringt vergessene und nicht bearbeitete Momente des Schmerzes ans Licht und zu Papier. Die innere Zunge wird gelöst. Wer die Kraft zum Schreiben nicht aufbringt, kann das Gespräch mit den Referenten suchen. Ziel des Wochenendes ist es, das von den Gewohnheiten des Alltags verschüttete Band gegenseitiger Liebe wieder ins Bewusstsein zu heben und Themen des Lebens, nicht des Alltags, zu kommentieren. Die Erfahrung zeigt, dass die Paare ihre Liebe und auch sich selbst wieder neu entdecken.

Natürlich braucht man dafür kein Wochenendseminar mit Fachleuten. Man kann es auch zuhause versuchen oder, sofern die familiäre Situation es erlaubt, ein Wochenende in den Bergen oder am Meer buchen und dort das Verständnis für den Partner und die Kommunikation mit ihm neu beleben. Es mutet vielleicht merkwürdig an, jemandem einen Brief zu schreiben, den man täglich sieht, aber der Versuch lohnt sich. Nicht selten wird dieser Brief zu einem Schreiben an sich selbst und damit zum Schlüssel für ein tieferes Verständnis der schöpferischen Bindung einer Ehe.

c. Man muss streiten lernen

Auch die besten Regeln können nicht verhindern, dass es im Eheleben Diskussionen gibt, Augenblicke der Spannung, unterschiedliche Meinungen und Gesichtspunkte. Die Beziehung des Ehepaars kann sich auch dadurch festigen und heranreifen, wenn beide versuchen, Konflikte zu überwinden.

An das Streiten gewöhnt man sich schon ein wenig in der Verlobungszeit. Man soll nicht davor erschrecken und auch nicht versuchen, das Streiten um jeden Preis zu vermeiden, indem man die Erregungen und Gefühle unterdrückt. Manchmal muss man sie auch zulassen.

Deswegen ist es wichtig, „richtig streiten zu lernen." Deshalb werden im Folgenden 10 Gebote genannt, um „gut zu streiten":

1. Nie einer Diskussion ausweichen oder sie abbrechen, indem man sich zurückzieht, auch wenn man spürt, dass man im Unrecht ist.
2. Bereit sein, Mängel und Fehler einzugestehen. Das ist ein Zeichen von Großherzigkeit.
3. Erkennt man, etwas gesagt zu haben, das nicht objektiv oder ungerecht war, soll man es sofort und ehrlich zurücknehmen.
4. Grobe Verletzungen der Person oder verächtliches Verhalten vermeiden.
5. Die eigene schlechte Laune nicht auf den anderen projizieren.
6. Dem anderen nicht seine Fehlerhaftigkeit vor Augen führen, indem man ihm längst vergangene Dinge vorwirft, sondern versuchen, in der Gegenwart zu leben und vorwärts zu schauen.
7. Bei einem Zornausbruch des anderen auch in Erwägung ziehen, dass er sich vielleicht einfach mal aussprechen will und man ihm keine Gelegenheit dazu gegeben hat.
8. Den anderen aussprechen lassen. Ist er aufgeregt, wird allein das ihm helfen, wieder ruhiger zu werden.
9. Versuchen, dem anderen die eigene Meinung klar und möglichst ruhig darzulegen.
10. Die heftigsten Diskussionen sollten mit einer Geste der Wiederversöhnung enden; so werden auch die Streitigkeiten ein Teil des fruchtbaren Bodens sein, auf dem die eheliche Liebe wächst. Wichtiger als sich vorzunehmen, niemals zu streiten, ist es, sich vorzunehmen, jedes Mal so rasch wie möglich wieder Frieden zu schließen. Die eheliche Liebe stirbt nicht auf Grund der Streitigkeiten, sondern wenn sie zu keinem guten Ende führen. Man sollte nicht zulassen, dass nach einem Streit die Sonne untergeht; die Nacht verhärtet das Zerbrochene. Bevor man das Licht ausschaltet, sollte man das Wortgefecht beenden, indem man den anderen um Verzeihung bittet und die Entschuldigung des anderen auch annimmt. Wenn unglücklicherweise eines der Kinder dem Streit beigewohnt hat, ist es gut, wenn es bei der Versöhnung mit dabei ist.

Wenn trotz allen Einsatzes die Dinge schief laufen, sollte man nicht vergessen, dass derjenige, der auf Geringschätzung oder Hass des anderen mit Liebe antwortet, immer siegt. Die Liebe ist die stärkste Waffe, denn mit ihr nehmen wir an der Macht Gottes teil.

Oft hört man sagen: „Warum muss immer ich nachgeben?" Auf die Frage „Wer gibt als erster nach?" würde man die Antwort erwarten, das sei natürlich der Schwächere. Aber das ist falsch. Der Stärkere gibt nach; er ist es, der um Verzeihung bittet; er ist es, der zu verzichten weiß, weil er stark ist und sich im Griff hat. Nachgeben heißt nicht nur verzeihen oder verlieren können. Was man verliert, vergisst man auch; man besitzt es nicht mehr, zieht es auch nicht mehr hervor. Das macht möglich, dass man den anderen um Verzeihung bitten kann.

Nehmen wir ein Beispiel aus dem Evangelium: Jesus sitzt am Brunnen, müde und hungrig. Da kommt die Samaritanerin, die am Beginn des sich ergebenden Dialogs vorlaut und hochmütig zu sein scheint. Aber sie ist es, die es nötig hat, geheilt zu werden. Sie ist es, die den Messias um Wasser bitten müsste; doch es ist Jesus – der Stärkere –, der das Gespräch eröffnet, indem er sie bittet: „Gib mir Wasser zu trinken", und dabei die festen Regeln der jüdischen Welt umwirft. Er beginnt als Mann und Jude ein Gespräch mit einer samaritanischen Frau und stellt an sie sogar eine Bitte. Könnten nicht auch wir nach einem Streit dem Ehepartner die Gelegenheit anbieten, sich mit uns zu versöhnen?

Das könnte auch heißen: Abwarten, wenn die Wogen der Gefühle hochschlagen; schweigen, wenn reden nur noch Streit bedeutet; auf einen besseren Moment warten, statt eine sofortige Entscheidung zu erzwingen. Und um Verzeihung bitten für kleine Unterlassungen, Verfehlungen, Ungeschicklichkeiten. In diesen Zusammenhang gehört auch der Rat fast aller Therapeuten und geistlichen Leiter: Kein Streit vor den Kindern, das bringt nur Unsicherheit, Gesichtsverlust, Verletzung oder Schmälerung des Selbstwertgefühls. Auseinandersetzungen sind unvermeidlich, aber Ort und Zeit und wenn möglich auch Stil der Auseinandersetzung kann man selbst bestimmen. Wenn die Abstimmung hierüber noch nicht oder nicht mehr möglich ist, dann ist Schweigen Gold. Auch die Liebe hat ihre Streitkultur.

9. Die Tugenden des Ehelebens

„Tugend" ist in der heutigen Welt ein seltenes Wort, das unwillkürlich an eine sonntägliche Predigt oder eine sittliche Abhandlung denken lässt. Aber was will dieses Wort in der Praxis und in den familiären Beziehungen bedeuten? Es ist all das, was man im anderen finden möchte, oder was man in einem Streit beanstandet: liebenswürdiges Benehmen, Zärtlichkeit, Verständnis, Großzügigkeit, Geduld, guter Humor, Optimismus, Fröhlichkeit, Taktgefühl, Pünktlichkeit, Sorgfalt in der Beziehung, Fähigkeit zu vergeben, dem anderen zuhören, Anpassungsfähigkeit, Toleranz. Wenn diese Tugenden fehlen, sind die Mängel umso ersichtlicher: Strenge, Intoleranz, Kaltherzigkeit, Kleinlichkeit, Reizbarkeit, schlechte Laune, Pessimismus, Rohheit, Gleichgültigkeit. Die Liebe zwischen den Eheleuten wächst in der täglichen Praxis der erwähnten Tugenden, die darüber hinaus auch Gelegenheit bieten, die gegenseitige Ganzhingabe auszudrücken. Alle diese Tugenden können aber auch gut an den Schwierigkeiten eines Lebens zu zweit wachsen und sich entfalten. Probleme gibt es immer: Charakterschwächen, Verschiedenheit des Temperaments, des Geschmackes oder der Gewohnheiten, die verhexten Tage, die Nervosität, usw.

a. Liebe den Ehegatten trotz seiner Fehler

Niemand würde es in den Sinn kommen zu sagen: „Ich liebe dich, und ich werde dir treu sein, aber nur, wenn du keine Fehler hast." Das wäre keine Liebeserklärung, sondern ungefähr dasselbe wie zu sagen: „Ich liebe dich nur, wenn du kein wirklicher Mensch bist." Wer nur bereit ist, sich einer erträumten Person zu schenken, ist in Wirklichkeit nicht bereit, zu lieben. „Ich liebe dich nur, wenn du keine Mängel hast", heißt soviel wie „Ich liebe dich nur, wenn ich mich nicht anstrengen muss"; das wäre reiner Egoismus. Deswegen ist es notwendig, den Ehegatten nicht nur zu ertragen, sondern so zu lieben, wie er ist. Wenn man heiratet, lebt man noch mehr oder weniger in einer Illusion. Während der Verlobungszeit strengen sich beide an, dem anderen zu gefallen und den bestmöglichen Eindruck zu machen. Bei jeder Begegnung funkeln die Augen der beiden vor Freude und scheinen zu sagen: „Du bist für mich mehr als alles auf dieser Welt." Das Zusammensein scheint – mitten in einer turbulenten Welt – eine Oase des Glücks zu sein.

Aber nach einigen Jahren des Ehelebens ändert sich vieles zusehends. Die festlichen Stunden werden immer seltener, und der Alltag überwiegt. Ja, es scheint vieles grau und eintönig zu werden. Die Zeit der jungen Liebe mit den Festen und der Freizeit, die gemeinsam in Freude verbracht wurde, ist zu Ende. Jetzt muss man sich im täglichen Leben lieben lernen und sich gegenseitig helfen, um liebenswert zu sein. An die Tugenden des anderen gewöhnt man sich rasch, aber wie ist es mit den Mängeln? Sie erschweren das Zusammenleben; man ist gereizt und fühlt sich betrogen, denn während der Verlobungszeit war man sich dieser Fehler nicht bewusst. Doch gerade hier liegt der Prüfstein wahrer Liebe. Man liebt den anderen, so wie er ist, auch mit seinen Fehlern, oder man liebt ihn eigentlich doch nicht. Das verhindert aber nicht, dass man mit Zuneigung, Verständnis und Geduld versucht, dem anderen zu helfen, diese Fehler zu beseitigen, zumindest die allergrößten; aber ohne sich zu versteifen, ohne Hass und ohne übertriebenen erzieherischen Eifer.

Ein jeder gebe sich Mühe, die eigenen Fehler zu ändern, und ein jeder möge sich anstrengen, auch die Tugenden des anderen zu entdecken. Die Liebe entdeckt diese guten Seiten und nimmt sie dankbar an.

b. Man kann auch versuchen, sich dem anderen anzupassen

Nichts ist normaler als die Tatsache, dass ein jeder seine eigenen Gewohnheiten hat, den eigenen Geschmack, die eigenen Hobbys, die eigenen Freunde... und die eigenen Eltern. Aber es ist auch klar, dass das Leben als Ehepaar – und erst recht, wenn Kinder in der Familie sind – seine Forderungen und Bedürfnisse mit sich bringt. Bedürfnisse, die man nicht auf dasselbe Niveau stellen darf wie die anderen Tätigkeiten, auf die man aus dem einen oder anderen Grund verzichten kann. Man könnte versucht sein, solche Schwierigkeiten zu lösen, indem man sich mit dem Partner folgendermaßen einigt: „Wenn du mich zum Fußballspiel begleitest, begleite ich dich auch ins Theater..." Das ist eine Taktik, die im Wirtschaftsbereich gut anwendbar ist, aber nicht im Eheleben.

Die Anstrengung eines Ehegatten, sich an die Gewohnheiten und an den Charakter des anderen anzupassen, ist Teil der gegenseitigen Hingabe; ein jeder bemüht sich immer wieder ein bisschen, um das zu ändern, was den Prozess der Vereinigung noch behindert. Man entwickelt gemeinsame Interessen und entdeckt neue Aktivitäten, die man gemeinsam ausführen kann. Wie oft hängt doch die Wahl eines Hobbys oder einer Sportart von Zufallskriterien oder von den eigenen Freunden ab. Warum also nicht einen Zeitvertreib ändern oder einen anderen wählen – aus Liebe zu seinem Ehegatten und seiner Familie?

Manchmal klagen junge Eheleute über ihre Schwierigkeiten in der Ehe: „Wir sind so verschieden!" Das kann z.B. heißen, dass er Frühaufsteher ist, das Radio aufdreht oder das Wasser im Bad laufen lässt; und er begreift nicht, dass sie noch gerne im Bett bleiben will, dass sie vielleicht noch müde ist, dass sie einen anderen Biorhythmus hat und dass sie dieser Lärm reizt. Abends geschieht dann genau das Umgekehrte. Sie hat große Lust zu Aktivitäten. Er hingegen begibt sich schon früh zu Bett und schläft wie ein Murmeltier. Ähnliche Differenzen, die häufig vorkommen, sind z.B. ob man bei geschlossenem oder offenem Fenster schlafen will, die Neigung zur Vorsorge oder zur Improvisation, zur Sparsamkeit oder zur Geldverschwendung hat.

Die Schwierigkeiten sind unvermeidlich. Zusammen mit anderen kleineren, aber sturen Gewohnheiten und Anhänglichkeiten können sie schließlich das Fass zum Überlaufen bringen und so eine kleine Tragödie auslösen, die unüberwindbar erscheint, es aber in Wirklichkeit nicht ist. Ein bisschen Geduld, guter Humor und vor allem Liebe genügt, um sich ein wenig auf den andern einzulassen und auf etwas zu verzichten, ohne sich dabei als Opfer zu fühlen. Man darf auch keine Angst haben, die eigene Persönlichkeit dadurch zu verlieren.

Ein echtes Problem entsteht manchmal durch die Beziehungen zu den eigenen Familien, besonders wenn die familiäre Bindung für einen oder für beide übertrieben eng ist. Das Verhalten eines ewigen Muttersöhnchens kann ein Hindernis für die harmonische Entwicklung des Ehelebens sein. Besonders am Anfang brauchen beide eine gewisse Unabhängigkeit, damit das Eheleben Gestalt annehmen und sich festigen kann. Allzu oft als Beispiel „meinen Vater" oder „meine Mutter" anzuführen ist zermürbend. Die neue kleine Familie sollte mehr Gewicht haben als die Abstammungsfamilien.

c. Die kleinen Dinge, die für das Zusammenleben so wichtig sind

Die eheliche Lebensgemeinschaft hängt mit vielen Kleinigkeiten zusammen, die die Gemeinschaft bereichern oder belasten können, je nachdem, welcher Grundhaltung sie entspringen. Es hängt von der Fähigkeit eines jeden ab, ob er den eigenen Egoismus überwinden und sich den Wünschen des anderen öffnen will. Man kann die Bedürfnisse und Notwendigkeiten des anderen als die eigenen betrachten.

Hier ein bekannter Witz: Ein Ehegatte, der Abend für Abend die Zeit vor dem Fernseher verbringt, sagt nach 30 Jahren plötzlich zu seiner Gattin: „Was hältst du davon, wenn wir heute etwas Besonderes machen würden?" „Phantastisch!", ruft sie aus, und denkt dabei an einen romantischen Spaziergang in der Stadt. „Was machen wir, gehen wir aus?" „Nein", antwortet er, „ich wollte eigentlich nur den Sessel mit dir tauschen." Hier handelt es sich um ein Paar, das nur durch das Fernsehen zusammengehalten wird, nicht aber durch die Liebe.

Die Bedürfnisse des anderen wollen verstanden und mit Zärtlichkeit erwidert werden.

Eine persische Legende erzählt von einem Kalifen, der seinen Verwalter ausschickte, um in seinem ganzen Reich das Süßeste und das Bitterste zu finden. Der Verwalter ging hin, kaufte eine Zunge und servierte sie dem Kalifen. Dieser kostete sie mit Freuden. Dann erwartete er auch das Bitterste, und siehe – der Verwalter brachte ihm von neuem die Zunge. „Ja", sagte er zum erstaunten Herrscher, „auf der ganzen Erde gibt es nichts Süßeres und nichts Bitteres als die Zunge."

Liebevoll zu sein bedeutet nicht, dass man sich irgendwie künstlich verstellen muss. Aber wer sich wirklich für den anderen interessiert und ihn gerne hat, achtet bei den spontanen Kommentaren auf den Ton seiner Stimme. Wenn er abends müde von der Arbeit nach Hause kommt, könnte er sagen: „Wie schön ist es, nach einem so anstrengenden Tag nach Hause zu kommen!", statt auszurufen: „Welch ein furchtbarer Tag". Oder er könnte ihr ein Kompliment machen wie z.B.: „Weißt du, ich finde dich sehr hübsch, bist du beim Friseur gewesen?" So kann man ganz einfach einen Dialog beginnen, der Freude bereitet, vorausgesetzt, dass auch der andere dann liebevoll darauf eingeht. Wenn er etwa sagt: „Wie schön ist es, zu Hause zu sein", sollte sie z.B. nicht antworten: „Das sagst du, der du den ganzen Tag außer Haus bist. Wenn du immer zu Hause sitzen müsstest, würdest du auch gerne einmal ausgehen. Verstehst du das nicht?" Zu einem guten Gespräch gehören immer zwei.

d. Entscheidungen gemeinsam treffen und dazu stehen

Die Entscheidungen, die für das familiäre Leben bedeutend sind, müssen der Gerechtigkeit wegen in gemeinsamer Übereinstimmung getroffen werden, denn beide Ehepartner tragen dieselbe Verantwortung für die Familie. In der Praxis ist das aber nicht so einfach. Man neigt dazu, gewisse Fragen mehr dem einen als dem anderen zu überlassen. Doch am meisten Schwierigkeiten macht der Egoismus, der sich vor allem dann zeigt, wenn eine Person der anderen ihre Meinung aufzwingen möchte. Eine goldene Regel für die eheliche Harmonie ist die gegenseitige Aussprache und eventuell auch das Streitgespräch (nach den 10 Geboten „guten Streitens"), bevor man eine Entscheidung trifft. Dann steht man auch zur getroffenen Entscheidung, auch wenn man eine andere Meinung hatte. So vorzugehen ist niemals Ausdruck von Schwäche oder Torheit, sondern Ausdruck von Anpassungsfähigkeit und vor allem Ausdruck der Liebe gegenüber dem Ehegatten und den Kindern.

Nehmen wir an, man müsse aufgrund der Arbeitssituation des Ehemanns in eine andere Stadt ziehen. Wahrscheinlich liegt hier die letzte Entscheidung beim Ehemann selbst, doch er sollte vorher die Meinung seiner Ehefrau und vielleicht auch die seiner Kinder angehört und berücksichtigt haben. Wenn man sich für einen Umzug entscheidet und die Kinder dann Schwierigkeiten haben, sollte sich die Gattin nicht sofort beklagen und sagen: „Siehst du, ich habe es dir doch gesagt", sondern sie sollte lächeln, ihre Kinder ermuntern und ihnen helfen, diese Anfangsschwierigkeiten zu überwinden. Auf diese Weise wird die Entscheidung, die getroffen wurde, ein Zeichen der Einheit und Liebe beider Ehegatten.

e. Die Entwicklung der ehelichen Beziehung

Es existieren drei wichtige Faktoren für die Entwicklung einer guten ehelichen Beziehung: Verständnis, Wertschätzung und Übereinstimmung. Nun wollen wir einige Anregungen für das tägliche Leben in einer Ehe geben.

Das rechte Verständnis in einer ehelichen Beziehung bedeutet, dass jeder der beiden Eheleute versucht, die Dinge aus der Sicht des anderen zu verstehen, um die offenen oder verborgenen Beweggründe, Gefühle oder Gedanken des anderen zu verstehen.

Es würde z.B. nichts nützen, selber traurig zu werden, wenn man den anderen traurig sieht. Vielmehr sollte man sich bewusst werden, weshalb er traurig ist – und das erreicht man nur, wenn man ihn kennt. Nachdem man einmal die Beweggründe verstanden hat, ist es auch möglich, in rechter Weise vorzugehen, was jeweils von Fall zu Fall verschieden sein kann. Denn die Gründe der Traurigkeit können sehr verschieden sein. Vielleicht hat man selbst dem anderen etwas angetan oder etwas unterlassen. Beide sollten darum bemüht sein, dem anderen Vertrauen zu schenken und seine Gefühle zu verstehen, das heißt auch das, was nicht direkt ausgesprochen wird. Wenn diese Fähigkeit fehlt oder unzureichend ist, denkt der Ehegatte vielleicht vom anderen: „Er beobachtet, was ich tue, aber nur von seinem Gesichtspunkt aus." „Es kann sein, dass er versteht, was ich sage, aber er begreift meinen Seelenzustand nicht." „Manchmal glaubt er, dass ich so denke, aber er selbst ist es, der so denkt." „Er ist sich nicht bewusst, wie sensibel ich bin." „Manchmal denkt er, dass gewisse Dinge für mich wichtig seien, dabei ist es so, dass ..."

Das sind Beispiele mangelnder Kommunikation zwischen Eheleuten, die Gereiztheit, Unsicherheit und Misstrauen hervorrufen können, bis zu dem Punkt, dass man an der Aufrichtigkeit der Liebe des anderen zu zweifeln beginnt.

Das Verständnis ist der Weg zu einer größeren Intimität zwischen den Eheleuten; es entsteht durch eine vertiefte Kommunikation, indem man sich selbst für das Gemeinsame zur Verfügung stellt. Durch diese Übereinstimmung sind sie nicht mehr zwei, sondern eins geworden.

Natürlich gibt es immer Grenzen, und das Verständnis des anderen ist niemals vollkommen. Doch indem man sich bemüht und sich anstrengt, immer besser zu werden, überwindet man auf Dauer alle Hindernisse, die einem während des Lebens begegnen können.

Die Wertschätzung in der ehelichen Beziehung geht weit über die wörtliche Bedeutung dieses Ausdrucks hinaus. Jemanden schätzen bedeutet, den Wert einer Person anzuerkennen. Aber in der Ehe genügt es nicht, bloß den Wert des anderen anzuerkennen, sondern man muss ihn auch die persönliche Wertschätzung spüren lassen. Wenn man das unterlässt, entsteht der Eindruck der Gleichgültigkeit oder der Geringschätzung.

Außer Werten, die inhaltlich bestimmt sind, wie Einsatzfreude, Frohsinn und Aufrichtigkeit, besitzt der Partner einen unendlich großen Wert, nicht nur weil er Person, sondern weil er Ehegatte ist. Schon allein die Tatsache, dass es jene Person ist, die einem ihr eigenes Leben und sich selbst ganz geschenkt hat, müsste bereits eine gegenseitige Wertschätzung garantieren, unabhängig von den anderen Eigenschaften der Person.

Konkret heißt das, darauf zu vertrauen, dass der andere sich bessern und in der Hingabe wachsen kann. Man sollte dafür offen sein, immer neue Aspekte in der Person des Gatten zu entdecken. Gewöhnlich begehen die Ehegatten untereinander, gegenüber den Kindern oder anderen Personen den Fehler, jemanden in eine bestimmte „Schublade" einzuordnen, die man mit Ausdrücken beschriftet wie „faul", „träge", „völlig unpraktisch" oder „unordentlich".

Solche Etikettierungen bezeugen die mangelnde Ehrfurcht vor der Person. Die Bedingungen des „Person-Seins" werden eingeschränkt; der andere hat keine Möglichkeit, sich zu entfalten. Es wäre besser, sich zu fragen: Was kann ich tun, damit der andere weniger faul, weniger langsam, weniger unordentlich bist? Darüber hinaus soll man die Person als Ganzes wertschätzen. Wenn ich mich nur auf eine physische Wertschätzung beschränke, würde ich die Person nur auf den Leib reduzieren; dasselbe wäre es, die Gattin nur als Familienmutter zu schätzen. Dann würde ich sie reduzieren, indem ich ihre Qualitäten als Freundin, als Ehefrau, als berufstätige Frau übersehe. Das gleiche gilt für die Wertschätzung des Ehemanns aufgrund seines Erfolgs im Berufsleben. Aber wie schätze ich ihn als Vater, als Gatte, als Freund?

Das, was in der Wertschätzung hervorleuchten muss, ist die Person selbst, nicht eine ihrer Fähigkeiten oder Qualitäten. Doch erst wenn man den anderen nicht mehr idealisiert, kann man ihn – mit seinen wirklichen Vorzügen und auch Fehlern – schätzen lernen. Erst diese Wertschätzung, die dann keine Identifizierung mit einem vorgefertigten Modell ist, kann zu einer gesunden Entwicklung der Ehe beitragen.

Wie zeigt sich die mangelnde Wertschätzung im alltäglichen Leben? Hier einige Beispiele: die Meinung des anderen nicht anhören; in gewissen, das gemeinsame Leben betreffende Angelegenheiten (z.B. die finanzielle Situation der Familie) den Ehepartner nicht informieren oder nicht miteinbeziehen, weil man meint, er habe davon keine Ahnung oder könne die Zusammenhänge nicht verstehen; dem anderen grundsätzlich bestimmte Fähigkeiten absprechen.

Wenn die Wertschätzung des anderen groß ist, fühlt sich der Ehegatte anerkannt und geliebt und wird von sich aus dazu neigen, Gesten der Liebenswürdigkeit und Aufmerksamkeit auszutauschen. Umgekehrt hingegen rufen Ungeduld, Intoleranz oder Geringschätzung im anderen Abneigung, Abkehr, Entfremdung und Krisen hervor.

Übereinstimmung bedeutet, mit dem Denken und Fühlen des andern in Einklang zu handeln. Im Eheleben wird das praktiziert, indem man auf die Persönlichkeit des anderen Rücksicht nimmt und nicht eigensinnig handelt. Manchmal verlangt der Gemütszustand des anderen, dass wir ihm mehr Zeit geben, um seine Meinung zu überdenken und zu einer Übereinstimmung zu gelangen.

10. Sexualität, Liebe und Phantasie

Der Leib ist das Gut der vollständigen Hingabe. „Wir haben keinen Körper, wir sind Körper", schreibt Johannes Paul II. und in dem Brief „Mann und Frau schuf er – Grundlagen menschlicher Sexualität" erklärt er die Hingabe dieses „innersten Kerns anthropologischer Wirklichkeit, die da Leib heißt" mit diesen Worten: „Das Geschlecht ist mehr als die geheimnisvolle Kraft der menschlichen Leibhaftigkeit, die gleichsam instinktmäßig handelt. Auf der Ebene des Menschen und in der wechselseitigen Beziehung der Personen ist das Geschlecht Ausdruck einer immer neuen Überwindung der Grenze der Einsamkeit des Menschen, die seiner körperlichen Verfassung innewohnt und seine ursprüngliche Bedeutung ausmacht. Das verlangt immer, den Leib des anderen ‚Ich' so wie den des eigenen ‚Ich' anzunehmen."

Die gefundene Einheit im Leib („sie werden ein Fleisch", Gen 2,24) enthält zwei sich ergänzende Dimensionen des Selbstbewusstseins. Die Frau „entdeckt in gewissem Sinn sich selbst angesichts des Mannes, während der Mann durch die Frau seine Bestätigung erfährt." Aus dieser gegenseitigen Hingabe und Annahme kann neues Leben erwachsen, Schöpfung aus Liebe geschehen, aus dem Innersten heraus die Liebe belebt und die Beziehung verwirklicht werden, die Wirklichkeit der Liebe ins Leben treten. In der Zeugung und gegenseitigen „Erkenntnis" wiederholt und erneuert sich das Schöpfungsgeheimnis.

Man kann in der Tat die Dimension der Körperlichkeit kaum überschätzen. Wer sie nur auf ihre emotionalen und sinnlichen Aspekte beschränkt und die geistige Tiefe nicht wahrnimmt, der verkennt ihren eigentlichen Reichtum. Deshalb sind Pauschalurteile von Männern und Frauen (z.B. „er will immer", „sie will nie", „Männer denken immer nur an das eine") auch nur Ausdruck des Zeitgeistes, ja im Grunde leibfeindlich, jedenfalls nicht christlich. Aus solchen Phrasen kann weder Freundschaft noch Einheit erwachsen. Es ist auch unsinnig, eine Norm für das Sexualverhalten aus der menschlichen Leibhaftigkeit abzuleiten, wie Luther es getan hat, als er empfahl: „In der Woche zwier, schadet weder dir noch mir." Ob zweimal, fünfmal oder einmal – das Paar muss wie bei der Sprache auch beim Sexualverhalten seinen eigenen Erkenntnis- und Kommunikationsraum schaffen. Der wird oft auch von den äußeren Umständen bestimmt, was natürlich nicht die Regel sein sollte. Ohne Signale, Worte oder eine eigene Sprache der Liebe, wird es nicht möglich sein, diesen Intimraum zu gestalten. Hier sind Phantasie und Feinfühligkeit gefragt.

a. Den ehelichen Verkehr liebevoll gestalten

Der eheliche Verkehr ist nicht eine biologisch-physikalische Reaktion. Eine sanfte vorbereitende Einstimmung ist wichtig. Es ist klar, dass sich die Frau nur demjenigen Mann völlig hingibt, den sie liebt und von dem sie sich geliebt weiß. Ebenso schenkt sich der Mann derjenigen Frau, welcher er sein Herz und sein Leben gegeben hat. Beide spüren diese herzliche Innigkeit und das einmalige, ausschließliche Geschenk des anderen.

Das tief empfundene Erlebnis der Vereinigung muss von einem behutsamen „Vor- und Nachspiel" umrahmt sein. Viele sind sich nicht bewusst, dass es nicht genügt, nett und ritterlich mit dem Ehepartner zu sein, gerade dann, wenn das Verlangen aufkommt, sich zu lieben, um gleich danach, wenn sozusagen der Zweck erfüllt ist, wieder in die stumpfe Langeweile zu verfallen. Die Lust des Mannes wird zur primitiven Gier, wenn er während des ehelichen Verkehrs in unbeherrschter und grober Weise seinem Wunsch Ausdruck verleiht und seine Frau auffordert, ihm nachzugeben. Dies ist ein menschenunwürdiges Verhalten und respektiert weder die Frau noch ihr Gefühle; es ist nicht mehr ein Liebeserweis, sondern Ausdruck gewaltsamer Herrschaft.

Es ist wichtig immer wieder zu überdenken, dass die männliche und weibliche Gefühlswelt sehr verschieden sind. Mann und Frau erleben Sexualität verschieden. Für den Mann ist das sexuelle Verlangen oft stark und leidenschaftlich, der eigentliche Geschlechtsverkehr ist von Bedeutung. Demgegenüber zählt für die Frau viel mehr, dass die freundschaftliche Beziehung in ihrem ganzen Reichtum stimmt. Nach einer Auseinandersetzung ist das Friedenschließen für die Frau eine wichtige Voraussetzung bevor sie sich ihrem Mann hingeben kann. So kann nur noch einmal betont werden, dass die gute und tiefe eheliche Beziehung eine unabdingbare Voraussetzung ist. Der Mann muss wissen, dass die einseitige Befriedigung dank des Zugeständnisses der Frau, einen bitteren und lästigen Nachgeschmack hinterlässt und zudem die eheliche Bindung lockert, hingegen kleine Zärtlichkeiten die Gefühlsbande in der Ehe so sehr stärken können.

Wie gut ist es, wenn die Ehepartner in Ruhe über ihre Gefühle und Beweggründe sprechen können um sich gemeinsam einig zu werden. Oft ist es notwendig ausbrechende Gefühle beherrschen zu lernen.

Wenn einer der Ehepartner übermüdet oder krank ist, kann der eheliche Akt nur sehr schwer befriedigen. Der junge und energiereiche Mann muss sich bewusst sein, dass sich seine Frau zuweilen von den vielfältigen täglichen Sorgen um Kinder und Haushalt überfordert fühlen kann und deshalb zum Intimverkehr nicht bereit ist. Ihrerseits muss sich eine Frau vor Augen halten, dass ihr Mann, wenn er bereits ein gewisses Alter erreicht hat, nicht mehr die Vollkraft eines Fünfundzwanzigjährigen besitzt. Der Mangel an Vitalität kann aber auch durch umweltbedingte Erschöpfungszustände oder eine labile seelisch bedingte körperliche Verfassung hervorgerufen werden. Weiter ist es wertvoll zu wissen, dass der hormonelle Zyklus der Frau durch seine Schwankungen auch das sexuelle Verlangen mitbestimmt.

Nervosität schadet der Ehe. Junge Eheleute, die dieses Phänomen schon erlebten, kennen Situationen wie den vorzeitigen Samenerguss, die vorübergehende Impotenz (seltener) oder den Scheidenkrampf der Frau (Vaginismus), der die sexuelle Vereinigung schmerzhaft, wenn nicht gar unmöglich machen. Im allgemeinen können diese Hindernisse durch gegenseitiges Verständnis und eine behutsame und geduldige Annäherung überwunden werden. Gelegentlich können aber auch schwerwiegendere Störungen auftreten, die dann die Hilfe eines Spezialisten nötig machen. Immer wieder muss daran erinnert und bedacht werden, dass auch die Sprache des Körpers erlernt werden muss – mit Zeit, Geduld, „Hinhören" und gegenseitigem Verständnis.

Es kommt auch heutzutage häufig vor, dass Jungvermählte die Befürchtung hegen, in ihrer ersten Nacht der Situation nicht gewachsen zu sein. Darüber sollten sie sich keine allzu großen Sorgen machen. Wenn der junge Mann über einige grundlegende Kenntnisse des weiblichen Körpers wie auch der weiblichen Gefühlswelt verfügt, wird die Vereinigung problemlos gelingen. Wichtig ist, dass der Mann schrittweise und gefühlvoll bis zur Vereinigung mit der Partnerin umgeht, die ihrerseits den Höhepunkt der Umarmung erleben wird, wenn sie selbst, bewegt von seinen Zärtlichkeiten, Verlangen empfunden hat.

Das spontane gegenseitige und gleichzeitige Verlangen ist die beste Vorbereitung zur ehelichen Vereinigung. Eheleute sind jedoch keine Uhren, die genau im Einklang dieselbe Zeit melden. Oft muss ein Uhrzeiger vor oder der andere nachgestellt werden. Der Ehepartner, der den Liebesakt wünscht, beginnt das Vorspiel, „macht den Hof" mit den tausend Gebärden, zu denen die Natur die Liebenden inspiriert. Mit seinem Umwerben bringt er so den anderen dazu, sein Verlangen ganz zu teilen oder zumindest zu billigen. Nur dies ist eine menschenwürdige Handlungsweise. Der Ehefrau seine Begierde mit Gewalt aufzwingen zu wollen, ohne sie zu fragen und ohne sie vorzubereiten, ist ein unmenschliches und abstoßendes Verhalten.

Ein nicht unwesentliches Detail, das die Eheleute beachten sollten, ist die körperliche und intime Reinlichkeit. Auch das Auge und der Geruchssinn haben ihre Bedeutung in den ehelichen Beziehungen. Eine letzte, aber sehr wichtige Voraussetzung für den ehelichen Verkehrs ist eine Atmosphäre von vertrauter und unverletzbarer Intimität. Die Eheleute müssen sich sicher fühlen vor indiskreten Blicken, vor ungelegenen Besuchen, davor, von anderen in benachbarten Räumen gehört zu werden. Insbesondere ist von der Anwesenheit eines Kindes im Elternschlafzimmer abzuraten.

b. Einfühlungsvermögen und Zärtlichkeit gehören zum Liebesgespräch

Mann und Frau sollten sich der Vereinigung langsam nähern und dabei die Poesie der ganzen Körpersprache erleben. Besonders in der ersten Zeit der Ehe werden sie sich nur nach einer sanften Annäherung in die intimsten Bereiche des Körpers vortasten. Eine schrittweise Enthüllung der Intimsphäre ist ratsam.

Ein weiterer Grund, mit Geduld und auch einfühlsam vorzugehen liegt daran, dass die körperlichen Reaktionen der Frau, die zur Vereinigungsbereitschaft führen, weniger spontan eintreten. Ihr Körper bereitet sich durch die Absonderung von Scheidenflüssigkeit vor und ihre Genitalorgane schwellen an. Sonst wäre die Vereinigung für beide Ehepartner beschwerlich und schmerzhaft. Das kann aber nur stattfinden, wenn sie psychologisch darauf vorbereitet ist: der Mann muss ihr Herz erobern. Es ist nicht nur die gezielte und drängende Erregung der Genitalien, die sie in Liebe und Wonne entflammen lassen; eine solche Einseitigkeit könnte sogar entgegengesetzte Wirkungen hervorrufen.

Eine Frau lässt sich nur durch das Herz erobern. Dieser naturgemäß weibliche Anspruch fordert vom Mann die Zähmung seiner Begierde und die Mäßigung seiner Impulsivität. Die Frau, die sich der Bedeutung der körperlichen Harmonie im Interesse der tiefen Gemeinschaft und der Treue des Ehemannes bewusst ist, wird angesichts der männlichen Umwerbung nicht untätig oder gefühllos bleiben, wenn er sich bemüht, ihr körperliche Befriedigung zu verschaffen. Es ist weder fair noch umsichtig, den Ehemann in der Ungewissheit der eigenen Gefühle und der innersten Empfindungen zu lassen. Jede Frau weiß zum Beispiel wie sie den Küssen Leidenschaft verleihen kann; allzu oft begnügt sie sich aber, Küsse zu empfangen, ohne sie jedoch mit gleicher Hingabe zu erwidern.

Und, wenn die eheliche Vereinigung nicht die gewünschte Harmonie erreichen sollte? Was ist zu tun? Das feinfühlige Verständnis für die weibliche Natur seitens des Ehemannes und für die männliche Natur seitens der Ehefrau wird weiterhelfen. Weiter ist und bleibt die herzliche Freundschaft und Zuneigung im Verlaufe eines jeden Tages und während des ganzen ehelichen Lebens das Fundament für das eheliche Glück. Die körperliche Sprache der Liebe wächst aus der Kunst einer aufrichtigen natürlichen Phantasie; sie entspringt aus der Quelle jener unverfälschten Erfindungsgabe, die immer wieder neu aus der gegenseitigen Liebe entsteht.

Es muss schließlich auch darauf hingewiesen werden, dass der weibliche Orgasmus nicht bei jedem Intimverkehr erreicht wird und wenn er eintritt, nicht immer gleichzeitig mit dem geschlechtlichen

Höhepunkt des Mannes. Die perfekte Gleichzeitigkeit ist eher selten. Der Ehemann sollte weder den Geschlechtsakt unterbrechen, noch die Zärtlichkeiten einstellen, bis seine Frau zum Genuss des Liebeserlebnisses, zu dem sie ein Recht hat, gelangt.

Für die Frau löst die Vereinigung Gefühle aus, die mit dem Erreichen des Höhepunktes nicht verblassen, sondern auch danach weiterleben. Der Ehemann wird seiner Frau beweisen, dass er in der sexuellen Vereinigung nicht nur seine eigene körperliche Befriedigung sucht, sondern auch an sie denkt, indem er die Intimität nach dem Erreichen seines Höhepunktes in die Länge zieht. Die körperliche Intimität nach der eigenen Befriedigung schroff abzubrechen, ist gefühlloser Egoismus und eine verheerende „Ehepolitik". Denn die Gefühle der Frau werden missachtet und zutiefst verletzt: sie fühlt sich zu einem Lustobjekt entwürdigt. Sicher möchte sie auch wegen ihres Körpers bewundert werden, erträgt es aber nicht, von ihrem Mann nur wegen ihres Körpers geliebt zu werden, ohne Rücksicht auf ihre Persönlichkeit und ihr Bedürfnis nach Zuneigung. Im Liebesgespräch zwischen Mann und Frau muss immer folgendes vorhanden sein: der Wunsch, dem Ehepartner glücklich zu machen, Zärtlichkeit, innige Zuneigung, Respekt und das Wissen um den besonderen Wert der Gesten der Liebe, die die Verbindung zweier Herzen ausdrücken und stärken.

c. Der eheliche Akt darf nicht zu etwas Banalem werden

Die Ehegatten müssen darauf bedacht sein, dass sie den ehelichen Akt nicht nur nicht gering achten, sondern ihn so leben, dass er immer ein Ausdruck echter Liebe ist, das heißt einer echten Hingabe. In der Leidenschaft und in der gegenseitigen sexuellen Befriedigung kann daher immer die Ganzhingabe sichtbar und gefestigt werden, die nur dann echt ist, wenn sie die Weitergabe des menschlichen Lebens nicht ausschließt. Die Ehegatten sind nicht umso lobenswerter, je mehr sie Enthaltsamkeit üben, sondern je mehr ihr ganzes Eheleben von Liebe geprägt ist, auch in der ehelichen Vereinigung.

Die gegenseitige Hingabe drückt sich in einer Vielzahl von Zärtlichkeiten aus, die die eheliche Vereinigung begleiten, und die in demjenigen spontan auftreten, der nicht nur einzig auf sein eigenes Vergnügen bedacht ist, sondern der zuallererst an den anderen denkt. Wenn hingegen ein Ehegatte die eheliche Beziehung auf sein alleiniges Vergnügen reduziert, so wird sich der andere bald nur benutzt und ausgebeutet fühlen. Die Geschlechtlichkeit kann dann bald als eine Widersprüchlichkeit erscheinen, als ein Beweis dafür, dass diese Welt verkehrt ist, indem sie uns nicht das gibt, was sie uns verspricht.

Es gibt Eheleute, die den ehelichen Verkehr so sehr vernachlässigen, dass sie ein kaltherziges Verhalten an den Tag legen, das sicher nichts mehr zur ehelichen Liebe beiträgt. Aber es gibt auch Paare, die den sexuellen Verkehr auf eine reine Gewohnheit reduzieren. Um die erste Frische der Liebe wiederzufinden, ist es gut, sich zu gewissen Zeiten des ehelichen Verkehrs zu enthalten. So wird die eheliche Vereinigung nicht zur Routine und ihr innerer Wert wird stets neu erkannt. Die Enthaltsamkeit kann manchmal auch als Zeichen der Liebe nötig sein: um eine neue Schwangerschaft – die in einem gewissen Moment unangepasst wäre – zu vermeiden oder weil einer der beiden krank oder müde ist oder unter übermäßigem Stress leidet.

Die Mühen, die beide Ehegatten auf sich nehmen, bereichert sie mit einer neuen, freieren Hingabe und Willensstärke, und im Endeffekt mit einer Liebe in neuen Dimensionen. Die Liebe zeigt sich dann intensiver in Gesten der Zärtlichkeit und im Verständnis dem anderen gegenüber: die Vereinigung der Herzen und der Sinne kann zeitweise die körperliche Vereinigung ersetzen.

Die eheliche Vereinigung und die Enthaltsamkeit sind deshalb die komplementären Ausdrucksweisen der Liebe. Die periodische Enthaltsamkeit – die von der Kirche einzig sittlich erlaubte Art und Weise, aus einem wichtigen Grund eine Schwangerschaft zu vermeiden –, fördert in jedem Fall die eheliche Liebe.

Andererseits liegt eine schöpferische Schönheit der ehelichen Hingabe auch in seiner Fruchtbarkeit. Der eheliche Akt, der sich der Zeugung neuen Lebens öffnet, ist der tiefste Ausdruck der Liebe, den die Eheleute einander schenken können.

d. Die Natürliche Empfängnisregelung

Die verantwortliche Elternschaft

Wie viele Kinder sollte man haben? Die Kirche erinnert daran, dass diese Entscheidung ganz der Verantwortung der Eheleute anvertraut ist. Auf jeden Fall heißt verantwortungsvolle Elternschaft nicht einfach eine Einschränkung der Kinderzahl, sondern kann auch bedeuten, großherzig weitere Kinder anzunehmen. Man muss aber dabei verschiedene Dinge berücksichtigen und darf sich nicht von einer materialistischen und egoistischen Sicht des Lebens beeinflussen lassen.

Jemand könnte sagen: „Jetzt ein Kind zu haben – oder noch eines – das können wir uns nicht erlauben." Der Ausdruck „das können wir uns nicht erlauben" scheint jedoch nicht der richtige zu sein. Man kann sich einen Computer, eine Reise nach Amerika oder ein Auto leisten, aber ein Kind? Ein Kind „leistet man sich nicht", man nimmt es als Liebesauftrag an. Um einen solchen Auftrag abzulehnen, gibt man vor, dass „ideale" Bedingungen gegeben sein müssten, um ein Kind oder noch eines zu haben. Doch wenn man ganz ehrlich ist, geht es doch oft nur darum, die Bequemlichkeit der eigenen Lebenslage zu sichern.

Antoine de Saint-Exupéry schrieb: „Die Liebe zwischen den Eheleuten bedeutet nicht, dass einer den anderen nur ansieht, sondern dass beide gemeinsam in die gleiche Richtung schauen." Und die Richtung, in welche beide blicken, ist normalerweise das Geschenk der Kinder und die gemeinsame Zukunft. Die Vater- oder Mutterschaft besteht somit in einem Geschenk und in der Verantwortung, nicht in erster Linie Nachwuchs zu verhindern, sondern Nachwuchs anzunehmen und die Kinder auch zu erziehen.

„Die verantwortungsvolle Zeugung", sagt Papst Johannes Paul II., „erfordert in ihrer wahren Bedeutung, dass sich die Ehegatten dem Ruf des Herrn fügen und als treue Interpreten seines Planes handeln. Das ist der Fall, wenn sich die Familie großherzig neuem Leben öffnet und auch dann in einer Haltung der Offenheit für das Leben und den Dienst an ihm bleibt, wenn die Ehepartner sich aus ernstzunehmenden Gründen und unter Achtung des Moralgesetzes dazu entscheiden, vorläufig oder für unbestimmte Zeit eine neue Geburt zu vermeiden" (*Evangelium Vitae*, Nr. 97).

Man spricht und diskutiert heute viel über die Entwicklung und den Fortschritt der Völker, über empfängnisverhütende Mittel, aber man spricht nicht mehr über das Kind. Man spricht von unzureichenden Mitteln, von der Gesellschaft, die in eine Krise geraten ist, von den vergessenen Werten, von einer bevorstehenden Armut der entwickelten Völker. Die Weisen von heute scheinen die Alten zu sein, die ihre Zeit damit verbringen, über das Schlechte, das sie bedrückt, zu klagen und mit Furcht und Schrecken in die Zukunft schauen. Die Menschheit wird in Zukunft wieder mehr Zuversicht finden, aber nicht indem sie Güter anhäuft, den anderen misstrauisch betrachtet und Angst verbreitet, sondern indem sie dem Leben dient.

Es scheint absurd, dass der Mensch diese elementare Wahrheit nicht verstanden hat. So ist es dem Menschen in seiner Weisheit – die vor Gott Torheit ist – gelungen, zu meinen, dass ein Kind eine Last und ein Hindernis, das Leben eine Bedrohung des Menschen sei. Eltern, die Kinder zeugen, werden als unvernünftig und als unverantwortlich dargestellt. Gegen diesen Irrsinn hat der Papst in Kairo, während der Konferenz über „Bevölkerung und Entwicklung", seine Stimme erhoben. Hier wollte man den Völkern der dritten Welt Programme für die Geburtenbeschränkung aufzwingen, welche die Würde des Menschen nicht beachteten.

In manchen Ehen geschieht aber auch das Gegenteil. Man möchte um jeden Preis ein Kind, und man sucht Zuflucht bei der künstlichen Befruchtung. Jedes Kind hat jedoch ein Recht dazu – gemäß dem Plan Gottes –, Frucht eines Aktes der Liebe seiner Eltern zu sein. Die Eltern sind Diener des menschlichen Lebens, nicht Herren. In diesem Sinn hat die Kirche immer gelehrt, dass „die Zeugung einer Person die Frucht eines ehelichen Aktes sein müsse, so wie es der Liebe zwischen den Ehegatten entspricht" (Anweisung über die Achtung des menschlichen Lebens und der Zeugung, *„Donum vitae"*, 1987, Nr. II, 4). Man kann daher keine künstliche Befruchtung als von Gott gebilligt ansehen, in der „die technischen Mittel den ehelichen Akt ersetzen" (a.a.O., Nr. II, 6).

Verhütung oder Verantwortlichkeit?

In der Hl. Schrift wurde ein göttlicher Segen über die menschliche Geschlechtlichkeit ausgesprochen. Im ersten Kapitel der Genesis lesen wir: „Gott schuf also den Menschen als sein Abbild, als Abbild Gottes schuf er ihn; als Mann und Frau schuf er sie" (Gen 1,27). Auch durch die geschlechtliche Liebe und ihre Fruchtbarkeit bei der Zeugung sind Mann und Frau aufgerufen, jene Gemeinschaft zu leben, die das innere Leben Gottes in den drei Personen widerspiegelt. In der Ehe vereinigen sich der Mann und die Frau auf so intime Weise – so lehrt die Genesis – dass sie „ein Fleisch" werden (Gen 2,24).

Das, was die christliche Lehre verneint, ist der unstatthafte Gebrauch des Körpers, die Vorherrschaft des Fleisches über die ganze Person, ein Missbrauch dessen, was an sich gut ist. Die Sexualethik der Kirche ist kein freudloser Zwang. Gott hat dem Menschen die Sexualität gegeben und kann deshalb diese nicht mit Argwohn betrachten; so wie ein Vater, der – nachdem er seinem Sohn ein Motorrad gekauft hat – sich Vorwürfe macht, weil er die Gefahren nicht vorausgesehen hat.

Das hilft uns zu verstehen, warum die Kirche die Verhütung ablehnt. Die Schwierigkeiten, diese Ablehnung zu akzeptieren, entstehen meist dadurch, dass man die Dinge unter einem falschen Licht sieht. Man hat die Verhütung auf die bloße Frage reduziert: natürliche Methoden – ja; künstliche Mittel – nein. Wenn wir die Enzyklika *Humanae vitae* (1968) aufmerksam lesen, sehen wir, dass die Ablehnung der Verhütung nichts mit der Gegenüberstellung zwischen „natürlich" oder „künstlich" zu tun hat, sondern deshalb als unchristlich betrachtet wird, weil sie eine verantwortungsvolle Elternschaft ausschließt.

Vom sittlichen Standpunkt aus gesehen ist nämlich die Verhütungsmentalität grundsätzlich anders als das Verhalten jener Ehegatten, die aus ernsten Gründen eine neue Schwangerschaft vermeiden und daher während der fruchtbaren Tage der Frau auf den ehelichen Akt verzichten (natürliche Methode oder periodische Enthaltsamkeit). Johannes Paul II. bemerkte dazu: „Auf diese Weise wird die Sexualität in ihrer echt und voll menschlichen Dimension geachtet und gefördert, sie wird nicht 'benutzt' wie ein Gegenstand, was die personale Einheit von Seele und Leib auflösen und so die Schöpfung Gottes in ihrer intimsten Verflechtung von Natur und Person verletzen würde" (*Familiaris consortio*, Nr. 32).

Die Eheleute sollten ihr Geschlechtsleben den Erfordernissen einer verantwortlichen Zeugung anpassen. Im Fall der Verhütung tun sie gerade das Gegenteil: sie verändern den Zeugungsprozess, um ihr sexuelles Verhalten nicht ändern zu müssen.

Die natürliche Empfängnisregelung

Die Liebe muss ohne Verfälschungen nach den Naturgeboten gelebt werden, in der dankbaren Annahme der vielfältigen Freuden, die das aufrichtige Leben der ehelichen Sexualität immer wieder von neuem schenkt. Man vereinigt sich, um sich gegenseitige Zuneigung auszudrücken und in der Vorfreude, ein Menschenkind zeugen zu können, das mit seinem Leben von der gemeinsamen Liebe Zeugnis ablegt. Es besteht kein Zweifel, dass der natureigene Zweck des Geschlechtsaktes die Befruchtung ist.

Also Kinder? Ja. Aber im richtigen Moment.

In diesem Buch sollen keine ausführlichen anatomischen oder physiologischen Grundlagen besprochen werden, um die natürliche Empfängnisregelung verstehen zu können. Diesbezüglich gibt es gute, empfehlenswerte Literatur. In der Bibliographie am Ende des Buches wird darauf hingewiesen. Die Natürliche Empfängnisregelung (NER) entspricht der Natur des Menschen und achtet sie. Aufgrund von natürlichen Zeichen wird eine Bestimmung der fruchtbaren und unfruchtbaren Tage möglich, so dass durch entsprechendes Verhalten eine Schwangerschaft angestrebt oder vermieden werden kann. Das Unterlassen des ehelichen Verkehrs an den fruchtbaren Tagen ist jedoch keine Empfängnisverhütung, da keine aktive Verhütungsmaßnahme eingesetzt wird. NER ermöglicht also sowohl das Anstreben einer gewünschten Schwangerschaft als auch die Vermeidung der Empfängnis. Im Gegensatz dazu müssen künstliche Mittel der Empfängnisverhütung, soweit sie überhaupt reversibel sind, abgesetzt werden, um schwanger werden zu können.

Die katholische Kirche erlaubt diese Lebensweise der Empfängnisregelung. Um eine Schwangerschaft zu vermeiden, sollten ausreichend

Gründe vorliegen, wie das gerade im Begriff der verantwortlichen Elternschaft ausgedrückt wird. Zur Sicherheit der natürlichen Methoden – die oft in der Öffentlichkeit bezweifelt und belächelt werden – ist folgendes zu sagen: Wer die Methode gut kennt und richtig befolgt, kann mit einer 100%igen Sicherheit rechnen. Werden Beobachtungsfehler und Fehlinterpretationen dazugerechnet, variiert die Sicherheit, was verständlich ist. Breite Untersuchungen haben ergeben, dass die Sicherheit mindestens der der Pille entspricht, oft jedoch besser ist (Pearl-Index: < 1).

Was sind die Grundlagen der NER? Die Zeichen der Fruchtbarkeit während des Zyklusses der Frau werden beobachtet. Verschiedene Zeichen wie der Zervixschleim (Schleim aus Gebärmutterhals) und die Basaltemperaturkurve (Temperatur des Körpers kurz nach dem Erwachen) oder auch die Beschaffenheit des Muttermundes spiegeln die zyklusbedingt schwankenden Hormonwerte der Frau wider.

Die Billings-Methode, die ihren Namen von einem australischen Ehepaar namens Billings hat, stützt sich auf alleinige Schleim-Beobachtung und Wahrnehmung von Empfindungen.

Die symptothermale Methode nach Dr. J. Rötzer besteht in einer Beobachtung des Zervixschleims sowie weiterer Symptome der Fruchtbarkeit und Temperaturveränderungen.

Das Erlernen der Beobachtung dieser Fruchtbarkeitszeichen ist für jede Frau möglich. Wichtig ist dabei die vertrauensvolle Unterstützung des Mannes. So ist es in vielen Fällen ratsam, dass der Mann die Aufzeichnungen der Beobachtungen der Frau führt. So ist er optimal informiert, und das eheliche Gespräch wird auch auf diese Themen ausgeweitet, was wiederum zu einem tieferem gegenseitigen Verständnis führt. Es sei nochmals darauf hingewiesen, dass sehr praxisnahe Literatur zu diesem Thema erhältlich ist. Weiter existieren verschiedene Zentren, die sich darauf spezialisiert haben, die Lebensweise der NER in Kursen und persönlichen Beratungen zu vermitteln. Mutter Theresa und ihre Schwestern lehrten diese Methoden auch Menschen ohne Schulbildung – oft Analphabeten – in äußerst schwierigen Umständen. Sie sagte dazu: „Natürliche Empfängnisregelung ist Selbstkontrolle aus Liebe."

11. Und wenn die Ehekrise kommt?

a. Wie soll man sich in der Krise verhalten?

Eine alte Lebensweisheit behauptet, dass das siebte Ehejahr ein kritisches Jahr sei. Krisen kommen jedoch nicht mit mathematischer Sicherheit, sie können plötzlich auftreten – auch in der besten Ehe. Sie können frühzeitig, innerhalb der ersten Jahre nach der Hochzeit eintreten, wenn der leichte und sinnliche Schwung seinen Glanz zu verlieren beginnt. Wenn ein Paar diese kritische Periode nicht zu meistern vermag, gerät die Ehe langsam aber sicher auf eine schiefe Bahn. Gegenseitiges Verständnis und Respekt lassen allmählich nach. Diskussionen und Streitereien werden immer häufiger, es entwickelt sich eine zunehmende Entfremdung zwischen den Eheleuten, die nach einigen Jahren zum Bruch führen kann.

Sobald sich die ersten Schwierigkeiten am ehelichen Horizont bemerkbar machen, denken viele, die falsche Person geheiratet zu haben. Meistens ist es aber nicht die Wahl des Partners, sondern die Entwicklung des gemeinsamen Lebens, die nicht geglückt ist.

Viele Ehen beginnen zu wanken, wenn ein Ehepartner sich in Alkohol, Drogen (auch Tablettensucht), Spiel oder außereheliche Beziehungen flüchtet. Es sind Auswege, die Probleme nicht lösen, nur zudecken. Fast immer sind solche „Abhängigkeiten" auf verborgene innere Konflikte zurückzuführen, die womöglich seit der Kindheit oder Jugend nie aufgearbeitet wurden. Solche problematischen Situationen wirken sich negativ auf das Familienleben aus. Es entstehen neue Konflikte mit dem Ehepartner und innere Seelenzustände, die zur weiteren Flucht in die falsche Richtung führen.

Wahre Liebe streitet auch. Jede Ehe kennt kleinere oder größere Konflikte. Wenn Konflikte aufkommen, kann die Liebe an Kraft und Güte verlieren oder an Tiefe und Festigkeit gewinnen. Der Umgang mit Konflikten muss gelernt werden. Dann ist ein Konflikt nicht ein Zeichen mangelnder Liebe, sondern wird zu einem Impuls zu stärkerer Liebe. Der Konflikt kann ein Symptom dafür sein, dass es nötig ist, sich neu zu begegnen. Versäumen wir es also nicht, diesen – wenn auch schmerzlichen – Aufruf zum inneren und gemeinsamen Wachstum zu verstehen!

b. Die Überwindung der Krise

Kann eine Ehe eine schwere Krise überleben? Wenn die Zeit der Prüfung kommt, braucht jeder Ehegatte in erster Linie den Willen, dem anderen gegenüber trotz seiner Fehler aufrichtig und loyal zu sein, selber geduldig auszuharren und die Fehler zuerst bei sich selber zu suchen. Die Kinder sind das wichtigste Motiv, wofür die Natur gesorgt hat, um unser Herz wieder neu zu öffnen und die Bindung aufrechtzuerhalten.

Wie schon erwähnt, kommt eine Krise nicht wie ein unerwartetes Gewitter aus heiteren Ehehimmel. Die Probleme entstehen allmählich. Wie kann eine schwere Krise vermieden werden? Und wenn die Krise da ist, wie kann geholfen werden? Wir möchten einige Tips nennen. In einigen Fällen wird es jedoch unumgänglich sein, einen Ehetherapeuten aufzusuchen.

1. Um eine schwierige eheliche Situation zu ändern, ja zu verbessern, ist es notwendig und empfehlenswert, zuerst die Vergangenheit aufzuarbeiten. Es ist wichtig, Fehler nicht nur anzuerkennen, sondern auch verzeihen zu können und eine Bitte um Vergebung anzunehmen. Fehler, falsche Handlungen, Verletzungen jeder Art immer wieder vorzuhalten, neurotisieren eine Beziehung. Verzeihen ist der erste Schritt; entscheidender, jedoch schwieriger ist das Vergessen. Durch das Verzeihen und das Vergessen erhält jeder täglich eine neue Chance. Erst so wird ein optimistischer Blick in die gemeinsame Zukunft überhaupt möglich.
2. Schnell werden einzelne Fehler generalisiert: „Du kommst immer zu spät", „Du musst immer das letzte Wort haben" oder „Du wirst mich nie verstehen." Mit der Verallgemeinerung und der Fixierung auf das negative Detail nimmt man dem Partner die Chance und die Motivation, sich zu ändern. Das Zusammenleben kann sich so nicht harmonisch entwickeln.

3. Der gegenseitige Respekt ist absolut notwendig, um neu zu beginnen – und zwar auf drei sich ergänzenden Ebenen: in der Sprache, in den Handlungen und in den Gesten. Wer die andere Person respektiert, achtet ihre Freiheit als Person, nimmt sie an, so wie sie ist, obwohl er ihr helfen will, sich zu bessern. Worte können tief verletzen und erniedrigen, ebenso Gesten oder Rechthaberei. Die nichtverbale Kommunikation kann man lernen und verbessern.
4. Eine aufbauende Kommunikation bedeutet: sich zuhören können, sich klar ausdrücken, den anderen verstehen wollen und nicht verletzen – auch nicht durch Gesten. Eine gute Kommunikation bringt die Partner einander näher, hilft zu gegenseitigem Verständnis, fördert die Einheit. Aber keine unnötigen kleinlichen Diskussionen über immer dieselben Details und Alltäglichkeiten. Solche Streitigkeiten zerstören jedes Wohlbefinden; und wenn sie vor den Kindern ausgetragen werden, verletzen sie diese tief. Streiten? Ja, aber niemals vor Kindern! Und immer mit dem guten Willen, sich wieder zu versöhnen.
5. Humor, Humor, Humor – mit Sinn für Humor lässt es sich besser leben. Über sich selber lachen zu können ist nicht einfach, kann aber erlernt werden. So können schwierige Situationen elegant gemeistert werden, und das Zusammenleben wird viel schöner.
6. Die Tendenz, den andern zu kontrollieren, sollte gebremst werden. Niemand darf sich beobachtet und analysiert fühlen. Die Spontaneität wird gehemmt, ein natürliches Verhalten unmöglich gemacht. Ständige Vorwürfe zermürben. Wie gut kann sich die Persönlichkeit in einer angenehmen, positiven und heiteren Atmosphäre entfalten!
7. Es ist wichtig, ein liebevolles Sexualleben zu pflegen, das auf die gegenseitige Beglückung ausgerichtet ist. Die körperliche Liebe ist wichtig. Wenn die ehelichen Beziehungen weggefallen sind, ist es schwierig, eine Ehe zu retten.
8. Ein letzter Tip: sich gegenseitig schöne Tage und Erlebnisse schenken. Was wünscht sich meine Frau, mein Mann: ein ge-

mütliches Frühstück ohne Zeitung, einen Kuss beim Weggehen und Nachhausekommen, einen Ausflug oder eine Städtereise, einen Kinobesuch oder einen Tanzkurs? Kleinigkeiten machen das Leben angenehm und verwandeln den Alltag in Poesie.

c. Und wenn der Partner untreu wird?

Eines Tages kann sowohl er als auch sie schwer geprüft werden, wodurch die Treue und das gegenseitige Vertrauen einer großen Gefahr ausgesetzt werden. Niemand kann sich so abschirmen, dass er vor „einem anderen" oder „einer anderen" völlig sicher wäre. Trotzdem darf man aber allen Ernstes sagen: unbegründetes Misstrauen und eine übertriebene Eifersucht fügen der Ehe mehr Schaden zu als eine Verfehlung gegen die eheliche Treue. Was aber ist zu tun, wenn tatsächlich ein „anderer" oder eine „andere" die eheliche Liebe und Treue bedrohen?

Wer sich bewusst wird, dass im Partner Gefühle für eine außenstehende Person erwachen, muss vor allen Dingen zuerst einmal sein eigenes Verhalten unter die Lupe nehmen. In solchen Situationen kommt man leicht in die Versuchung, die ganze Schuld dem Partner und dem Eindringling zuzuschieben, anstatt die Ursache bei sich selbst zu suchen. Es ist wichtig, sich eigene Fehler einzugestehen. Hat man den Partner sich selbst überlassen, hat man ihm nicht zugehört, hat man sich in allzu langes Schweigen gehüllt, hat man kein Verständnis aufgebracht?

Wer sich dem Partner gegenüber schuldig erkennt, kann ihm den Weg zur Heimkehr ebnen. Nein, es ist keineswegs ein Mangel an Würde, wenn der Betrogene seinen Partner mit Liebe wieder aufnimmt! Würde darf nicht mit verletzter Eitelkeit verwechselt werden. Wer dem anderen verzeiht, kann auch seine Fehler annehmen und sich selbst verzeihen. In der Vergebung zeigt sich die Liebe in ihrer edelsten Form. Nur der Berechnende misst die Schuld, nie aber der wahrhaft Liebende.

In Wirklichkeit sind wir nicht fähig, so zu vergeben wie Gott vergibt. Wenn Gott vergibt, ist die Schuld zunichte gemacht. Wir Menschen können das nicht. Aber unsere Liebe und insbesondere die eheliche Liebe muss sich von der Liebe Gottes inspirieren lassen. Seine Liebe, die sich uns in der Vergebung, ja in unaufhörlicher Vergebung offenbart, will, dass wir glücklich werden und mit neuem Vertrauen zu ihm finden. So sollte es sein, und so sollte auch die Vergebung in der Ehe wirken. So dass man – froh heimgekehrt – das Vertrauen neu aufbauen kann. Eines der zahlreichen stumpfsinnigen Sprichwörter sagt: „Vergeben ja, vergessen nie!" Das ist eine Art, den Großzügigen zu spielen, ohne es in Wirklichkeit zu sein. Im Gegenteil erfährt der reuige Ehepartner eine Demütigung. Der leise oder gar offenkundige Triumph des „Vergebenden" stellt sich zwischen die Eheleute.

Und jene Person, die zum Ehebruch verführt? Sie sollte folgende Überlegungen anstellen: Wer erteilt mir das Recht, mein „Glück" auf den Lebenstrümmern meiner Mitmenschen aufzubauen? Setze ich nicht zu viel aufs Spiel, wenn ich einem Ehemann seine Frau (oder einer Ehefrau ihren Mann) wegnehme, womöglich sogar einem Kind den Vater oder die Mutter entreiße?

Der untreue Partner überlege: Fordert das Christentum von uns zuweilen nicht einen heroischen Verzicht? Sollte ich nicht gewisse Umstände vermeiden und mehr beten, um dieses uneheliche Verhältnis abzubrechen? Ist es nicht allzu leicht, sich mit jemandem ausgezeichnet zu verstehen, mit dem man nur die schönen Stunden teilt? Ist es etwa gerecht zu denken: „Diese Person hat viel mehr Verständnis, sie widmet mir mehr Zeit; sie gibt mir innerlich und emotionell mehr Freuden?"

Der betrogene Ehepartner fühlt sich in höchstem Maß gedemütigt; für ihn bricht eine Welt zusammen. Tag und Nacht grübelt er nach: „Warum nur genüge ich ihm nicht?" Es bringt nichts, den/die Liebhaber/in zu beschimpfen und zu verurteilen. Ganz im Gegenteil. Der Partner wird dadurch in die Defensive gedrängt. Zwei Dinge sind zu bedenken: Welches sind die wahren Gründe, die den Partner zur Untreue verleitet haben? Wie kann ich es anstellen, ihm aufrichtig zu verzeihen und ihn zurückzugewinnen?

Der Ehebruch darf nicht bagatellisiert werden. Er hat zwar seit jeher existiert, doch heute wird er in Spielfilmen, Zeitungen und Fernsehsendungen als etwas ziemlich Normales auf einen „Seitensprung" oder gar ein „Abenteuer" heruntergespielt. In der Kirche Christi ist die Untreue jedoch schon immer zu den eindeutig schweren Sünden gezählt worden. Die Untreue ist nicht nur eine Beleidigung des Partners, sondern auch ein Verrat am Ehesakrament. Durch den Ehebruch wird der Bund zwischen Christus und seiner Kirche in Frage gestellt: die christliche Ehe symbolisiert diesen Bund. Für christliche Eheleute ist daher ein „Seitensprung" alles andere als eine harmlose Angelegenheit. Der Partnerwechsel oder eine Beziehung zu dritt kann sich unmöglich zum Guten wandeln, auch wenn der Partner damit einverstanden ist.

Jeder Ehebruch hat seine Vorgeschichte. Die Neugier, die Langeweile, die Eitelkeit, die sexuelle Frustration, der Wunsch nach Achtung oder die Suche nach Neuem können ein unmittelbarer Ansporn sein. Der Ehebruch entwickelt sich immer aus der inneren Untreue, aus der Ablösung von der Herzensbindung an den Ehepartner. Konkrete Gelegenheiten zur Vertrautheit mit einer Person des anderen Geschlechts außerhalb der Ehe müssen entschieden gemieden werden. Und noch einmal: Wo die eheliche Liebe gepflegt wird und lebendig ist, ist die Gefahr der Untreue viel geringer!

d. Gescheiterte Ehen und nichtige Ehen

Der Katholik weiß, dass die kirchlich geschlossene Ehe unauflöslich ist. So lehrt es die Verkündigung des Neuen Testamentes (Mt 5,32; Lk 16,18; Mk 10,2–12; Mt 19,3–9; 1 Kor 7,10–16). Aber selbst christliche Ehen können Schiffbruch erleiden.

Wie viel Schmerz und Unglück bringt eine gescheiterte Ehe mit sich. Die beteiligten Personen sind oft ihr ganzes Leben lang tief verletzt. Tief betroffen davon sind vor allem auch die Kinder. Die Katastrophe der Eltern trifft auch sie. Wer sich scheiden lässt, sollte sich vor allem um die Kinder kümmern. Denn nicht einmal mit der Scheidung ist es möglich, eine Ehe aus dem Leben zu streichen. Der Partner, dem man einmal seine Liebe geschenkt hat, wird nie zu einem Fremden, denn:

„Du bist dein Leben lang verantwortlich für das, was du dir zu eigen gemacht hast" (Antoine de Saint-Exupéry).

Eine kirchliche Scheidung gibt es nicht. Die sakramentale Ehe ist ein Symbol der Unauflöslichkeit des Bundes Gottes mit der Menschheit. Die Unauflöslichkeit der Ehe ist tief verwurzelt in der unbeschränkten Liebe Gottes, nicht in einem kirchlichen Gesetz. Deshalb ist eine Scheidung und eine neue kirchliche Trauung unvereinbar mit dem Plan Gottes. Der geschiedene Katholik wird nie eine kirchliche Ehe eingehen können, solange sein Partner lebt, oder solange die Kirche nicht die Nichtigkeit seiner Ehe festgestellt hat.

Die sogenannte kirchliche „Nichtigkeitserklärung" bedeutet nicht, dass eine gültige Ehe annulliert wird, sondern ganz einfach, dass sie nie gültig war, und demzufolge in Wirklichkeit nie existiert hat. Die Nichtigkeitserklärung muss nach erfolgtem Nichtigkeitsprozess vom zuständigen Kirchengericht ausgesprochen und vom vorgesehenen Berufungsgericht bestätigt werden. Im Falle von Uneinigkeit zwischen den beiden Urteilen, muss in dritter Instanz das römische Gericht entscheiden. Es gibt verschiedene Ehenichtigkeitsgründe. Sie müssen jedoch im Rahmen des Prozesses bewiesen werden.

An dieser Stelle könnte man folgende Überlegung anstellen: Ist es überhaupt noch sinnvoll, an der Unauflöslichkeit einer Ehe festzuhalten, wenn zum Beispiel einer der Partner untreu wird und den anderen verlässt, wenn einer zum schweren Alkoholiker wird oder psychisch schwer erkrankt? Auch unter solch schwerwiegenden Umständen gibt es Eheleute, die das Versprechen der Treue bis zum Tod nicht vergessen. Diese Menschen, die für den Zustand der Krankheit oder die Schwäche des Ehepartners Verständnis haben, beweisen eine tiefe innere Reife und leben mit ihrer Hingabe eine heroische Liebe.

Die Kirche will mit der Verweigerung der Scheidung den Ehemann oder die Ehefrau in solchen Notsituationen nicht zu einem unglücklichen Leben verdammen. Sie hofft, dass sie ihr Kreuz in enger Verbindung mit Jesus Christus tragen lernen. Das ist ein besonderer Aufruf zur persönlichen Heiligung. Jede noch so schwere Situation hat ihren tiefen Sinn, den es zu entdecken gilt. Menschen in solch schwierigen

Umständen haben ein besonders Recht auf Hilfe jeder Art, sei es materiell oder seelsorglich. In unzumutbaren, eventuell auch gefährlichen Situationen, kann eine Trennung befürwortet werden. Das Recht zur Trennung bedeutet jedoch nicht, dass die Ehe aufgelöst ist.

Die Zahl der Geschiedenen, die standesamtlich eine neue Ehe eingehen, nimmt laufend zu. Überall finden sich auch getrennte und wiederverheiratete Katholiken. Vom religiösen Standpunkt aus gesehen können sie ihre zweite Ehe nicht regeln. Ihnen gegenüber sollten wir viel Verständnis zeigen. Es steht niemandem zu, diejenigen, die sich in einer solchen Situation befinden, zu verurteilen. Wir lehnen die Scheidung ab, müssen aber Verständnis aufbringen für die Schwächen oder die Schwierigkeiten, die unsere Mitmenschen bisweilen bedrängen können.

Christus ist Mensch geworden für die Kranken, für die Sünder. Gott ist barmherzig und verlangt nicht das Unmögliche, nur dass „du tust, was du kannst, und du betest für das, was du noch nicht kannst" (Hl. Augustinus). Dies gilt für jeden von uns, also auch für die Geschiedenen. Gott verlässt niemanden, wie schwierig seine Lage auch sein mag.

Überdies müssen wir diesen Mitmenschen, die wegen ihrer kirchlich unrechtmäßigen Beziehung nicht zu den Sakramenten gehen können, helfen zu entdecken, wie wertvoll die Teilnahme an der Hl. Messe – auch ohne den Kommunionempfang – ist, wie fruchtbar die geistige Kommunion, das vertrauensvolle Gebet oder die Meditation der Hl. Schrift sind. Menschen in einer solchen Situation können zu großzügiger Nächstenliebe ermuntert werden und – sofern Kinder vorhanden sind – in ihrer christlichen Erziehung unterstützt werden.

12. Die Herausforderung der Kindererziehung

Die Liebe zwischen den Eheleuten weitet sich auch auf die Kinder aus und zeigt sich in ihnen, insbesondere in ihrer Erziehung, wobei die Eltern die ersten und wichtigsten Erzieher sind. Sie haben eine spezielle Sendung, die gewiss nicht leicht ist. Es ist wichtig, verstehen und begreifen zu können, aber auch entschlossen zu sein. Man muss die Freiheit der Kinder respektieren, sie aber auch zurechtweisen können. Durch die Mühen, Ängste und Enttäuschungen, die einem als Eltern von der Geburt des ersten Kindes an begegnen können, wird die Liebe immer wieder neuen Proben unterworfen. Über die Erziehung der Kinder wurden viele Bücher geschrieben. In der Tat ist es viel leichter, eine Theorie der Erziehung zu verfassen, als im Trubel des Lebens eine Familie zu verwirklichen. In jedem Beruf beginnt die Ausbildung nicht erst dann, wenn man schon Firmenchef ist. Warum sollte es also gerade im „Beruf" als Vater oder im als Mutter anders sein?

Doch weshalb braucht man heutzutage Kurse, in denen man das Erziehen lernt? Unsere Eltern haben uns doch ohne solche Seminare gut erzogen. Einerseits hat man heute die Bedeutung der Erziehung für die Entwicklung der Persönlichkeit des Kindes besser als in früheren Zeiten erkannt. Andererseits fehlen die erzieherischen Hilfen der größeren Familie, in der häufig mehrere Generationen in einem ständigen Austausch miteinander standen. Ein Kind hat schon durch eigene Geschwister oder die Kinder der älteren Schwestern und Brüder den Umgang mit Babies und Kleinkindern lernen können. Heute gibt es viele Einzelkinder und viele Familien in einer gewissen Isolation von den übrigen Verwandten.

Zu jener Zeit musste man nicht studieren, das Zusammenleben von mehreren Generationen war selbst eine Lehrmeisterin. Heute bereiten sich die Eltern auf ihre Aufgabe vor, indem sie psychologische Lehrbücher lesen. Dann stehen sie plötzlich vor dem eigenen Kind und wissen sich nicht zu helfen. Sie besitzen das *know*, aber nicht das *how*; theoretisch wissen sie zwar viel, können das Besagte aber nicht anwenden. Deswegen sind Kurse von Familien für Familien von großem Nutzen.

Gewiss, neben dem Know-how braucht man auch eine dritte Dimension, jene des Willens. Die Kinder sind keine Spielsachen, die man einfach weglegen kann, wenn sie einen stören oder langweilen, sondern sie sind Personen, die innerlich und äußerlich wachsen und reifen sollen. Man muss bereit sein, sie zu erziehen.

a. Allgemeine Prinzipien

Für die Erziehung braucht man Wissen, ein gutes Empfindungsvermögen und vor allem Liebe. Wer gewisse pädagogische Prinzipien kennt und mit klugem Menschenverstand handelt, sollte aber nicht meinen, dass die Anwendung einer großartigen Theorie automatisch sichere Ergebnisse bewirken werde. Es ist die Liebe zu den eigenen Kindern, die den Eltern hilft, im rechten Augenblick zu reden oder zu schweigen, mit ihnen zu spielen oder sich für ihre Probleme zu interessieren.

Dazu eine kleine Geschichte: Eltern, die sehr von ihrer Arbeit eingenommen waren, suchten in einem Spielwarengeschäft ein Geschenk für ihr Kind – etwas, was das Kind unterhalten und ruhig stimmen würde – und vor allem, das ihm die Einsamkeit nehmen sollte. Eine kluge Verkäuferin antwortete ihnen: „Es tut mir leid, wir verkaufen hier keine Eltern."

Das erste, was das Kind braucht, sind Eltern, die sich wirklich lieben

„Wir werden es ihm an nichts fehlen lassen", hört man Eltern oft sagen, die sich wirklich für ihre Kinder einsetzen. Ein gesundes, kräftiges Essen, Spiele, gute Kleidung, Ferien im Ausland, Unterhaltungen, usw. Aber man vergisst dabei, dass das Wichtigste, was das Kind nötig hat, die gegenseitige Liebe der Eltern ist, die Einheit zwischen den beiden. Jemand hat gesagt, dass das Kind – wenn es aus der Gebärmutter herauskommt – sogleich eine andere braucht. Diese zweite Gebärmutter ist für das Heranwachsen und die Entwicklung des Kindes unentbehrlich: die Liebe zwischen Vater und Mutter.

Für ein ausgeglichenes Heranwachsen der Kinder ist die aktive Gegenwart des Vaters notwendig. Wenn der Vater abwesend ist, werden für die Frau die häuslichen Pflichten, die Ernährung und Erziehung der Kinder zum einzigen Interesse und zur einzigen Befriedigung. Das alles kann zu einer Vorherrschaft der Mutter führen, was wenig mit echter Liebe zu tun hat und die persönliche Entwicklung der Kinder verzögert. Die Kinder leiden einerseits unter den Grenzen dieser Vorherrschaft, anderseits aber beuten sie diese zu ihrem Vorteil aus, indem sie ein Spiel von Erpressung und Schmeichelei, von Unterwürfigkeit und von verzweifelten Zornausbrüchen vortäuschen.

Wenn der Vater sich in die Arbeit flüchtet, übernimmt die Gattin das Zepter. Als Karrieremann mit vielen Verpflichtungen, großer Verantwortung und Leistungsfähigkeit scheint es ihm nicht richtig, seine Zeit zu Hause mit der Erziehung der Kinder zu vertun. Dafür erkennt er mit einer gewissen Großzügigkeit die Überlegenheit des weiblichen Instinkts und der weiblichen Sensibilität an. Einige Jahre später wundert sich dann jener Vater, wenn er seinen erwachsenen Sohn und seine erwachsene Tochter überhaupt nicht kennt.

Das Ideal der Ehe, das die Kinder anstreben, ist geprägt von der Ehe, die die Eltern vorleben. Dazu gehört, dass die Liebe bei Gott, dem Ursprung der Liebe, verankert ist. Diese Rückbindung ist heute, da die Liebesfähigkeit generell abnimmt, existentiell. Nicht umsonst gehört Gott liturgisch als Dritter zum Lebensbund christlicher Ehen.

Die Eheleute leben aus der Gnade eines Sakramentes, das ihnen Hilfe und Trost spendet, wenn es schwierig wird. Kinder sehen und erleben, dass die Ehe unauflöslich ist, dass die Eltern christliche Lösungen für das gemeinsame Wohl suchen. Und die Kinder erfahren auch, dass Vater und Mutter sich Mühe geben, in ihrer Beziehung zu wachsen und etwas gegen die Routine zu unternehmen.

Die beste Erziehung ist das eigene Beispiel

Die Kinder neigen dazu, das Verhalten der Erwachsenen nachzuahmen, besonders jener Menschen, die sie lieben oder verehren. Sie verlieren ihre Eltern niemals aus den Augen und beobachten sie unaufhörlich – besonders in den ersten Jahren; sie sehen sie auch, wenn sie nicht hinschauen, und hören auch zu, wenn sie mit ihrem Spiel beschäftigt sind.

Das Beispiel hat einen unersetzbaren pädagogischen Wert der Bestärkung und Ermutigung. Worte vergehen, doch das Beispiel reißt mit.

Man darf das Kind nicht verwöhnen

Man verwöhnt ein Kind mit übertriebenem Lob, mit übertriebener Nachsicht und indem man seinen Launen entgegenkommt; man verwöhnt es auch, indem man es zu oft in den Mittelpunkt stellt und es ihm überlässt, bei den familiären Entscheidungen das Zünglein an der Waage zu sein. Ein Kind, das von zu großer Aufmerksamkeit und Nachsicht umgeben ist, wird, wenn es eine schwache Natur hat (und einmal den Bereich der Familie verlassen hat), eine schüchterne und unfähige Person sein. Wenn es eine starke Natur hat, wird es ein Egoist, der die anderen nur als Objekt betrachtet, das seinen eigenen Wünschen dienen soll.

Das Kind ermutigen und belohnen

Kinder übernehmen nicht selten die Urteile, die man über sie fällt, und werden so in ihrer Entfaltung gefördert oder gehindert. Wenn man einem Kind gegenüber zu oft wiederholt, dass es ungezogen, ein Egoist, zu nichts gut ist, wird es das glauben und tatsächlich schlecht, egoistisch und zu nichts nutze sein. Es ist besser, wenn es ein bisschen zuviel Vertrauen in sich selbst hat als zuwenig; und wenn wir es in irgendeinen Fehler zurückfallen sehen, werden Worte des Zuspruchs nützlicher sein als es zu demütigen.

Wenn man dem Kind zeigt, dass man Vertrauen in seine Fähigkeiten hat, ist dies eine große Ermutigung. Das Kind versucht nämlich die Meinung, die man von ihm hat (sei sie positiv oder negativ), in die Tat umzusetzen und die Erwartungen nicht zu enttäuschen.

Zu positivem Denken erziehen

Die Kinder sollen in der Familie eine Atmosphäre vorfinden, die von positiver Einstellung zum Leben und zur Welt geprägt ist. Dann werden sie die Kraft haben, negative Erfahrungen und Rückschläge zu überwinden. Die Eltern sollten deshalb nicht übertreiben, wenn sie das Böse in der Welt verurteilen, denn das nährt in den Kindern nur die Mutlosigkeit und später den Zynismus oder den Kleinmut.

Auch Freude an der Arbeit und das Offensein für schöpferische Aktivitäten können von klein auf gefördert werden, damit die Kinder lernen, Anstrengungen nicht zu meiden, sondern Hürden zu überwinden, und zu Zuverlässigkeit, Ausdauer, Genauigkeit, Anpassungsfähigkeit und sorgsamen Umgang mit Arbeitsgeräten erzogen werden. Kinder lernen, Freude an der Arbeit zu haben und spüren die Genugtuung, eine Aufgabe zu Ende geführt zu haben, wenn sich in ihren Familien und in ihrer Gemeinschaft Erwachsene befinden, die lebendige Beispiele dieser Lebenseinstellung sind.

Man muss auch Empfänglichkeit für das Gute und Schöne entwickeln, Offenheit gegenüber den anderen und jenen, die unsere Hilfe brauchen. Man soll das fördern. Familiäre Beziehungen können auf Taktgefühl, Liebenswürdigkeit, Dankbarkeit, Fröhlichkeit und guten Humor nicht verzichten.

Das Gewissen heranbilden

In unserer Gesellschaft werden die Kinder mit viele Ideen und Worten konfrontiert, die keine christlichen Ideale vermitteln. Aber auch eine Art familiären „Polizeistaat", der nur aus Kontrollen und Zensuren besteht, wäre nicht wünschenswert. Daher reicht es auch nicht, den Kindern zu sagen: „Das ist nicht richtig!", „Das gefällt mir nicht!", denn damit riskiert man, dass Sittlichkeit mit dem Aufstellen von Verbotsschildern verwechselt wird. Wichtig hingegen ist es, die Schönheit des Guten aufzuzeigen und dass sie dem Wesen des Menschen entspricht und zur inneren Freude führt. Das Kind fühlt sich dann angespornt, selbst gut zu handeln.

Der sogenannte Schuldkomplex, jene dunkle und angstvolle Erfahrung, schlecht gehandelt zu haben, die mit Angst und Beschämung verbunden ist, entsteht gerade durch das Fehlen einer mutigen und aufrichtigen Gewissenserforschung. Es ist hingegen notwendig und heilsam, ein richtiges Gespür für die Sünde zu entwickeln. Die klare Wahrnehmung der Fehler und Mängel, durch die wir der Liebe Gottes die Schulter gekehrt haben, erzeugt Reue. Diese Reue lässt jene Kräfte aufkommen, mit denen wir von neuem die Liebe suchen, die vergibt.

Um das Gewissen heranzubilden, kann es nützlich sein, gemeinsam mit dem Kind die Moralität einer begangenen Handlung zu bewerten. Hier kann man auch die Praxis der Gewissenserforschung vorschlagen, die man persönlich am Ende eines Tages macht, vielleicht indem man dem Kind anfangs hilft, geeignete Fragen zu stellen.

Zur Freiheit erziehen

Die Aufgabe des Erziehers besteht darin, den Wert und die Ausübung der Freiheit aufzuzeigen. Je älter das Kind wird, desto mehr sollte man es eigene Entscheidungen in Freiheit und Verantwortung selbst treffen lassen, indem man höchstens sagt: „An deiner Stelle würde ich das so machen."

Freiheit kann man so definieren: „Frei ist derjenige, der freiwillig das Gute tut – aus Liebe zum Guten." Derjenige ist nicht freier, der das Böse tut. Ein Mensch kann sich selbst umbringen, da er frei ist, zu entscheiden; aber der Selbstmord führt ihn nicht zu mehr Freiheit.

Wenn man Gesetze aufstellt, bedeutet das nicht, dass man die Freiheit einschränken, sondern zur Entfaltung bringen will. „Frei ist nicht der, der tut, was ihm passt, sondern derjenige, der den Vorschriften folgt", schreibt der griechische Philosoph Epiktet. Wie ist das möglich? Wir können das mit einem einfachen Beispiel erklären: Wenn ich von Mailand nach Rom fahre und an der Kreuzung dem Zeichen folge, das mich gegen Süden weist, bin ich dann weniger frei, als wenn ich dem Zeichen nicht folge? Nein, es sind die Gesetze und Vorschriften, auch die Gebote der Kirche, die uns helfen, damit wir schneller und ohne Umwege unser Ziel – das Glück – erreichen.

Auf gleiche Weise müssen Eltern Kindern Grenzen setzen: Grenzen, die schrittweise und mit der Zeit geringer werden, je nach Alter des Kindes und seiner Fähigkeit, selber entscheiden zu können. Vielleicht wählen sie das Gegenteil von dem, was man von ihnen verlangte. Das ist der Preis der Liebe, der dem Geliebten die Möglichkeit gibt, sich freiwillig für das Gute zu entscheiden. Zur Freiheit erziehen heißt somit, dem anderen zu helfen, damit er einsieht, was zum Glück des Menschen beiträgt und sich frei dafür entscheiden kann.

Es hilft den Kindern, wenn man ihnen mit Klugheit eine gewisse Freiheit zugesteht, damit sie verantwortungsbewusst werden. Seine lange Erfahrung als Erzieher erlaubte es dem Hl. Josemaría Escrivá zu sagen: „Es ist besser, die Eltern lassen sich einmal hintergehen, als dass sie den Kindern gegenüber Misstrauen zeigen. Die Kinder geben dann beschämt zu, das Vertrauen ihrer Eltern missbraucht zu haben und bessern ihr Verhalten. Lässt man ihnen dagegen keine Freiheit, und spüren sie, dass man ihnen misstraut, ist dies ein ständiger Anreiz zur Unaufrichtigkeit" (*Gespräche mit Msgr. J. Escrivá de Balaguer*, Adamas Verlag, Köln 1981, Nr. 147).

Gott um Hilfe bitten

Erziehung kommt von „ex ducere", was soviel wie „hervorkommen lassen", „wachsen lassen" heißt. Der Erzieher ist derjenige, der aus dem Kind einen Menschen heranwachsen lässt, einen Christen. Er ist eigentlich ein Mitarbeiter, denn erstens ist der Haupthandelnde das Kind selbst, und zweitens, weil Gott mit seiner Gnade im Innersten der Person eingreift. Der Erzieher kann sich daher mit Recht „Mitarbeiter Gottes" im geistigen Heranwachsen des Kindes bezeichnen.

Den Eltern wird auf Grund des Ehesakraments eine spezielle Gnade angeboten, um diese wichtige Aufgabe zu erfüllen. Sie sollen besonders in schwierigen Situationen die Hilfe und den Rat Gottes erflehen, sich aber auch an den Schutzengel wenden, den Gott zum Schutz des Kindes bestimmt hat, und insbesondere die Muttergottes um ihre mütterliche Hilfe und Fürsprache bitten.

b. Verschiedene Aspekte der Erziehung

Die Autorität

Wie soll man sie gebrauchen, ohne Gewalt anzuwenden und ohne sie zu untergraben? Für die Erziehung genügt nicht allein die Zuneigung, das gute Beispiel und die Ermutigung. Man muss auch eine gewisse Autorität ausüben. Die antiautoritäre Erziehung war eine kurze Modeerscheinung, die gescheitert ist und von denen missbilligt wurde, die unter ihr aufgewachsen sind. Das Kind braucht die Autorität, und es sucht sie auch; wenn es sie nicht in Form von Zeichen oder Grenzen findet, wird es unsicher oder nervös. Wenn Kinder spielen, erfinden sie auch gewisse Regeln untereinander, denen man nicht zuwider handeln darf. Übrigens weiß man, wie unsympathisch, unfreundlich und tyrannisch Kinder sein können, wenn sie verwöhnt wurden, wenn sie gewohnt sind, sich immer durchzusetzen und nur dann zu gehorchen, wenn sie Lust dazu haben.

Aber wenn es sich um die eigenen Kinder handelt, ist es sehr viel schwieriger, ein klares Urteil zu fällen. Man weiß nicht genau, ob man eine klare Grenze setzen oder ob man eine Einigung suchen soll, ob man etwas durchgehen lassen soll oder nicht. Man läuft Gefahr, schlussendlich zornig zu reagieren oder eine Ohrfeige zu erteilen (was dann die Eltern innerlich oft mehr aufregt als das Kind).

Hinter diesen Unsicherheiten verbirgt sich immer eine eigenartige Mischung von Ängsten: die Angst, die Zuneigung des Kindes zu verlieren, die Angst, es zu verletzen, die Angst, dass sein schlechtes Verhalten den Erziehern angelastet wird oder dass es materiellen Schaden anrichtet. Wenn stattdessen der Wunsch vorherrschen würde, dem Kind zu helfen, seine eigenen egoistischen Impulse zu erkennen – Gier, Faulheit, Neid, Grausamkeit, usw. –, dann würde man sich nicht schuldig fühlen, wenn man seine Autorität ausübt und es zurechtweist.

Wir wollen unterstreichen – auch wenn es nicht modern ist –, dass es in der Erziehung notwendig ist, Autorität auszuüben (was nichts mit Autoritätsstreben zu tun hat) und Gehorsam zu erwarten. Man muss von Anfang an so handeln. Es ist aber sehr wichtig, dass die Kinder verstehen, was man von ihnen verlangt. Die Eltern sollten daher immer die Gründe erklären, weshalb sie etwas fordern. Es wäre schädlich, wenn die Eltern – einem falschen Frieden zuliebe – ihre Anweisungen vergessen würden. Sie sollten auch nicht erlauben, dass sich ihnen die Kinder offen entgegenstellen.

Manchmal verbietet man etwas, ohne zu wissen weshalb. Man weiß selber nicht, was schlecht an dem Verbotenen ist, und so verbietet man es bloß aus innerem Antrieb, weil die Sache nervenaufreibend ist und einen stört. In so einem Fall wendet man Autorität an, ohne es zu müssen. Es ist jedoch notwendig, die Autorität richtig zu dosieren, um ihr den Stellenwert zu geben, den sie verdient. Wenn die Eltern ein Kind zwingen, eine bestimmte Sache zu tun, nur weil sie es so wollen, so ist das eine Argumentation, die funktioniert, wenn man sie nur wenige Male im Jahr anwendet. Wenn man aber diese Form von Autorität, die für das Kind unmotivierend ist, für belanglose Situationen ausnützt, wird das Kind schließlich nicht mehr zuhören und, wenn sich die Möglichkeit ergibt, nicht mehr gehorchen.

Man muss den Drang des Kindes nach Bewegung und Freiheit begreifen können. Wenn man ständig und auf unvernünftige Weise eingreift, würde man die Autorität unerträglich machen. Wie jene Mutter, die der Babysitterin sagte: „Geh in das Zimmer der Kinder, um zu sehen was sie tun. Verbiete es ihnen." Auf der anderen Seite ist es wirksam, nichts von den aufgetragenen Anordnungen zurückzunehmen.

Es ist auch wichtig, auf den Ton zu achten, mit dem die Anweisungen gegeben werden: wer schroff befiehlt, verrät immer Nervosität und wenig Sicherheit. Ein einschüchternder Ton erzeugt immer negative Antworten und Opposition. Es ist besser, die Anordnungen in einem freundlichen und vertrauensvollen Ton oder in Form einer Bitte auszusprechen, indem man die echten und eigentlichen Befehle für die wichtigen Dinge aufspart und für die anderen Bitten eine etwas mildere Art verwendet: „Würdest du mir diesen Gefallen tun?", „Könntest du bitte ...?", „Könnte jemand das tun?" Auf diese Weise werden die Kinder zu freien und verantwortungsvollen Entscheidungen angeregt, und man gibt ihnen die Gelegenheit, unabhängig und erfinderisch zu handeln, sich nützlich zu fühlen und den Eltern Freude zu bereiten.

Manchmal ist es notwendig, dass sich das Kind mehr als sonst anstrengen muss; dazu sollte man ein günstiges Klima schaffen. Wenn man z.B. weiß, dass der Gatte besonders müde ist oder Kopfweh hat, wäre es gut, das Kind beiseite zu nehmen und ihm zu sagen: „Die Mutter (oder der Vater) hat starkes Kopfweh; heute Abend bitte ich dich besonders, so wenig Lärm wie möglich zu machen." Man kann ihm eine Beschäftigung geben, und seine Anstrengung ab und zu mit einem liebevollen Blick oder einer Zärtlichkeit belohnen.

Man muss auch bestrafen können

Noch viel gefühlvoller und weiser muss man mit Vorwürfen und Strafen umgehen. Die Methode „Tu, was du willst" ist typisch für Eltern, die schwach sind oder selbst nach diesem Motto leben. Auch Nachgiebigkeit zeugt oft von Angst, dass einem sonst gar nicht mehr gehorcht wird, oder von Bequemlichkeit.

Aber eine ständige und erstickende Kontrolle der Kinder ist Pedanterie – oder sogar Neurose, wenn man den Kindern wegen jeder kleinen Abweichung der willkürlich zusammengestellten elterlichen Grundsätze Vorwürfe macht und sie bestraft.

Normalerweise sind die Ermutigungen und Belohnungen für eine gesunde Erziehung ungenügend. Ein gerechtfertigter Vorwurf oder eine angemessene Bestrafung trägt zur Bildung ethischer Kriterien bei.

Damit ein Vorwurf zur Erziehung beiträgt, muss er vor allem klar, kurz und nicht demütigend sein. Man kann auch lernen, in gerechter Weise zu schimpfen – kurz und klar –, indem man danach den Inhalt des Gespräches ändert. Man darf nicht fordern, dass das Kind seine eigenen Fehler sofort eingesteht und ein „mea culpa" ausspricht, insbesondere wenn andere Personen zugegen sind. Man soll den rechten Ort und Moment abwarten, um es zu schelten. Manchmal kann es von Nutzen sein, abzuwarten, bis der Zorn verfliegt, um dann mit der nötigen Ruhe und mehr Wirksamkeit zu sprechen. Bei den Vorwürfen muss man Vergleiche vermeiden: „Schau, wie deine Schwester gehorcht, wie sie studiert...", denn die Vergleiche erzeugen nur Neid und Abneigung.

Außerdem sollte man – bevor man eine Strafe erteilt – sicher sein, dass das Kind sich der Übertretung der Vorschrift überhaupt bewusst ist. Man muss nicht nur vermeiden, die Bestrafung aus Wut oder schlechter Laune auszusprechen, sondern auch nicht den Anschein dessen geben.

Im Fall von schulischen Misserfolgen muss man beurteilen können, ob sie auf reine Nachlässigkeit oder auf die begrenzten Fähigkeiten des Kindes zurückzuführen sind.

Jemanden bestrafen zu müssen muss einem leid tun, aber manchmal ist es der beste Liebeserweis, den man dem Kind schenkt. Man sollte niemals Angst haben, dass eine gerechte Strafe die Liebe des Kindes zu seinen Eltern vermindere.

Erziehung zum rechten Fernsehgebrauch

Eine nicht zu unterschätzende „Persönlichkeit" in der Familie ist der Fernseher. Dieser ist aufdringlich, mischt sich ins Familienleben ein und bringt die Familienmitglieder dazu, sich von der Wirklichkeit zu entfernen. Es gibt zahlreiche Untersuchungen, die von den Schäden sprechen, die übertriebenes Fernsehen verursacht, insbesondere bei Kindern. Ohne dass wir den Fernseher verteufeln wollen, der auch ein Kultur- und Informationsvermittler sein kann, muss man sich doch ganz im Klaren sein, dass er oft ein „unehrlicher Angestellter" ist (John Condry) – ein Dieb, der uns die Zeit stiehlt und ein Saboteur in der Erziehung ist.

Jemand hat gesagt, dass der Fernseher ein Elektrohaushaltsgerät ist, mit dem wir jene Zeit vergeuden, die uns die anderen Elektrogeräte sparen helfen. Es ist daher gut, dass die Eltern ihn überwachen. Vor allem sollte man darauf achten, dass man ihn nicht im Esszimmer aufstellt, so dass die kurzen Zeitpunkte des gemeinsamen familiären Lebens beim Essen diesem kleinen Idol geopfert werden. Obgleich der Fernseher ein Haushaltsgerät ist, ist es nicht undenkbar, dass man ihm einen Platz im Schrank zuweist, neben dem Mixgerät und dem Haartrockner. Und von dort nimmt man ihn heraus, wenn man ihn braucht. Oder man könnte ihn im Schrank einschließen, den man dann im geeigneten Augenblick öffnet.

Die Eltern sollten für ihre Kinder einen Fernseh-Zeitplan und praktische Regeln aufstellen. Wenn die Kinder noch klein sind, wäre es von Vorteil, den Apparat außerhalb des festgelegten Zeitplans einzuschließen. Den größeren Kindern sollte man beibringen, den Fernseher mit Klugheit und Freiheit zu verwenden, damit sie sich niemals einer passiven Fernsehsucht ausliefern, welche auf Phantasie und Intellekt abstumpfend wirkt.

Für Jugendliche ist es nicht leicht, den rechten Gebrauch dieses Mediums zu erlernen, das oft wie hypnotisierend auf sie wirken kann. Man muss ihnen helfen, einen kritischen Sinn und einen guten Geschmack zu entwickeln, indem man gemeinsam mit ihnen über das Programm spricht, es beurteilt und gemeinsam auswählt; dies regt auch den Dialog in der Familie an. Diese Kritikfähigkeit wird ihnen auch in der Schule und unter Freunden Sicherheit verleihen, und man kann erwarten, dass sie mit der Zeit bei oberflächlichen, gewalttätigen oder unmoralischen Sendungen selber den Fernseher abschalten. Es gibt auch immer wieder Familien, die bewusst auf den Fernseher verzichten.

Geschlechtliche Erziehung

Auch wenn Kinder heute oft sehr früh mit diesem Bereich konfrontiert werden (durch Fernsehen, Zeitschriften, Schule, Freunde), so ist die Rolle der Eltern in der Erziehung eines so wichtigen Lebensaspektes unersetzlich. Es ist gut, wenn sie es sind, die das Kind in das Geheimnis des Lebens und der menschlichen Liebe einführen. Niemand anderer kann das auf persönlichere Weise tun – mit der nötigen Umsicht und mit Einfühlungsvermögen.

Niemand anderes als Vater und Mutter finden den geeigneteren Zeitpunkt, um davon zu sprechen, indem sie der natürlichen Neugier des Kindes zuvorkommen und auf diese Weise vermeiden, dass im Kind durch ungeeignete Informationen einer oft erotisierten Gesellschaft ungesunde Ängste oder Abwehrreaktionen entstehen. Genau aus diesem Grund ist es wichtig, dass man die sexuelle Erziehung nicht als eine Erklärung des Geschlechtsapparates versteht, sondern dass man zu einer Erziehung zur Liebe verhilft.

Eine Sexualerziehung, die nicht erklärt, was Liebe ist und auf welche Weise sie sich entwickelt, ist undenkbar. Man sollte die Erklärungen dem Alter des Kindes anpassen. Bei größeren Kindern z.B. kann man jene Ausdrücke verwenden, die im Kapitel „Das Werden der Liebe" angeführt sind.

Wenn die Eltern dieses Thema mit ihren Kindern behandeln, fördert dies den vertraulichen Umgang, der oftmals in der Jugendzeit abnimmt oder manchmal plötzlich aufhört. Die Familie ist die richtige Umgebung, um Informationen über die Sexualität weiterzugeben; sie sind zu intim, als dass man sie auf einem rein „technischen" Niveau belassen könnte; um über dieses Thema sprechen zu können, braucht es immer ein Klima von Zuneigung. Auf diese Weise versteht das Kind von Anfang an den Wert einer Sexualität aus Liebe, indem es entdeckt, dass die eheliche Liebe die Sexualität schön, wahr und gut macht.

Man kann auch erklären, weshalb die Pornographie die menschliche Person entwürdigt, weil sie auf eine reine Handelsware und ein Objekt für das Vergnügen reduziert wird.

Der Zusammenhang mit der ehelichen Liebe erlaubt es auch, den Wert der Keuschheit zu erklären, die Selbstbeherrschung ist, Bedingung für echte Freiheit, Übung zur Treue, und Fähigkeit, sich zu schenken. In Wirklichkeit ist sie weder Unterdrückung noch Verbot, sondern vielmehr eine Überwindung jeder egoistischen Suche nach sexuellem Vergnügen, Bestätigung der menschlichen Würde und ein Sich-Öffnen gegenüber der Liebe als Hingabe. Karol Wojtyla schrieb: „Man kann den ganzen Wert des Leibes und der Geschlechtlichkeit nur dann verstehen, wenn man diese Werte auf das Niveau des Wertes der Person stellt. Und das ist genau das Entscheidende und Charakteristische der Keuschheit. Deshalb können nur ein keuscher Mann und eine keusche Frau echte Liebe verspüren" (*Liebe und Verantwortung*, S. 79).

Die Weitergabe der Information über die Sexualität in einer klaren ethischen Sicht wird dann besonders notwendig, wenn die Jugendlichen einen Großteil ihrer Informationen aus Zeitschriften für Jugendliche erhalten, in denen sich die sogenannten „Herzensgeschichten" befinden, wo Briefe von Jungen und Mädchen veröffentlicht werden. Meistens sind diese Geschichten höchst unsittlich; die Eltern sollten deren Inhalt kennen, um mit den Kinder darüber zu sprechen. In diesen Zeitschriften findet man auch Artikel in scheinbar wissenschaftlichem Stil, die von sogenannten „Sexualwissenschaftlern" geschrieben wurden, und die auf den ersten Blick gar nicht so verderblich scheinen. Es gibt keine unzüchtigen Fotos, die verwendeten Ausdrücke sind angemessen, der Ton ist freundlich, voll Verständnis und Wohlwollen.

Aber genau in dieser sogenannten „wissenschaftlichen" Werbung wird der Jugendliche schwer getäuscht. Im Ton eines Unschuldigen, der über natürliche und ganz normale Dinge redet und alles rechtfertigt, werden dem Leser Ideen mitgeteilt, die den Wunsch der Jugendlichen nach reiner Liebe angreifen und zerstören.

Die sexuelle Erziehung muss schrittweise ablaufen und die Phasen der psychologischen und physiologischen Entwicklung des Kindes berücksichtigen. Man muss nicht sofort alles erklären – wie in einer Schulstunde. Gewisse Dinge muss man nur andeuten, indem man einfache Worte verwendet. Man muss auf die Reaktionen des Kindes eingehen: so möchte es z.B. etwas wissen, aber während der Erklärungen wird es das Gespräch vielleicht plötzlich abbrechen oder auf ein anderes Thema lenken, weil es im Moment genug hat und das Gehörte bis zur nächsten Gelegenheit verdauen möchte.

Auf jeden Fall ist es unpassend, Märchen vom Klapperstorch zu erzählen. Manches Elternpaar wird entgegenhalten, dass es sehr schwierig sei, die richtigen Worte zu finden. Wir wollen nicht vergessen, dass das Kind keine technischen Worte möchte, sondern die gewohnte einfache und einfühlsame Sprache der Eltern.

Es gibt auch Eltern, die sagen: „Mein Kind fragt mich nie etwas." Doch manche Kinder sind zu schüchtern, um so etwas zu fragen. Wenn es in Form von Witzeleien oder Obszönitäten davon gehört hat, verdrängt es das Thema wie eine schmutzige Angelegenheit des Lebens, an die man nicht einmal denken sollte. Wenn das Kind nie etwas fragt, handelt es sich fast immer um Naivität oder Scham seitens der Eltern. Und die Kinder, die das wahrnehmen, verschließen sich noch mehr in ihrer Angst. Bei unaufgeklärten Kindern kann die Sexualität mit der Zeit zu einem geheimen Gebiet krankhafter Neugier werden, wobei sich noch Schuldgefühle beimischen.

Deshalb ist es besser, ihnen aus der Verlegenheit zu helfen, und sie – ohne peinliches Getue – zu fragen: „Hast du dich schon mal gefragt, wie Kinder zur Welt kommen?"

In der heutigen Zeit ist es auch ratsam, das Kind erzählen zu lassen, ob irgendjemand einmal versucht hat, es zu verführen oder sich ihm gegenüber unsittlich verhalten hat. Aus Erfahrung weiß man, dass bei fast der Hälfte aller Kinder, die Opfer eines Versuches von sexuellem Missbrauch gewesen sind, die Eltern nichts davon wussten.

Wenn ein Kind tatsächlich eine dieser schrecklichen Erfahrungen machen musste, hat es mehr als sonst die Hilfe einfühlsamer Eltern nötig, die es mit Taktgefühl und Natürlichkeit – ohne traumatische Befragungen – beruhigen, ihm Sicherheit und erneutes Vertrauen in sich und die anderen einflössen.

Wer einfache Formulierungen liebt, kann sich an die folgenden fünf Regeln halten. Die Sexualerziehung sollte:

– der natürlichen Neugier des Kindes zuvorkommen,

– seiner Reife entsprechen,

– sich immer an der Wahrheit orientieren (ohne Klapperstorch und andere Märchen),

– vom intimen und natürlichen Klima der Familie umgeben sein,

– den göttlichen Plan der Ehe berücksichtigen, damit die Kinder den eigentlichen Hintergrund entdecken, der die Ausübung der Sexualität wahr, gut und schön macht: die eheliche Liebe.

Die religiöse Erziehung

Auch bezüglich der religiösen Erziehung sind die Eltern die ersten und hauptsächlichen Verantwortlichen, wie wir schon bezüglich der Familie als „Hauskirche" und bezüglich der Bildung des Gewissens gesagt haben.

Als erste Pflicht sollen die Eltern ihre Kinder sobald wie möglich taufen lassen. Im entgegengesetzten Fall würden sie diesen – für eine mehr oder weniger lange Zeit – die Gnade vorenthalten, Gotteskinder in Jesus Christus zu werden. Die Hilfe der Eltern ist auch nötig, damit sich dann die Taufgnade entfalten kann. Das Gewissen der Kinder muss angeleitet werden, auf Jesus zu hören, ihn kennenzulernen, zu lieben und ihm zu folgen.

Die Eltern werden versuchen, den Kindern den Geist der Dankbarkeit beizubringen, indem sie ihnen das Beispiel Jesu zeigen, der sich mit den Worten „Ich danke dir, Vater" an den himmlischen Vater gewendet hat. Sie werden sich auch bemühen, in ihren Kindern den Geist der Barmherzigkeit zu fördern, gemäß dem Verhalten Jesu, der über diejenigen, die ihn kreuzigten, sagte: „Vater, vergib ihnen"; weiterhin den Geist der Freundschaft („ich habe euch Freunde genannt"); den Geist des Dienens („ich bin nicht gekommen, um bedient zu werden, sondern um zu dienen"); den Geist der Hingabe („Liebt einander, so wie ich euch geliebt habe"); den Geist kindlichen Gebets („Wenn ihr betet, so sagt: Vater unser"); den Geist des Vertrauens und des Optimismus („Habt keine Furcht").

Wie soll man Kinder religiös erziehen?

Zuerst soll daran erinnert werden, dass man mit dem eigenen Beispiel besser erzieht als mit einer Predigt. Der erste „Katechismus", den die Kinder lernen, ist das Beispiel der eigenen Eltern. Wenn ein christlicher Geist das familiäre Leben durchdringt, nehmen ihn die Kinder sehr rasch auf. Sie entdecken rasch den Sinn für das Heilige, was sich in der Ehrfurcht vor den heiligen Dingen zeigt; sie lernen, dass die übernatürlichen Wahrheiten sich im täglichen Leben auswirken und ihm Schönheit und Wert verleihen. Sie werden sich der Gegenwart Gottes bewusst sein und der Bedeutung des persönlichen Gebetes. Sie lernen die Liebe zu Jesus als ihren großen Freund; zur Gottesmutter, die auch unsere Mutter in der Ordnung der Gnade ist; zur Kirche, durch die uns Gott immer wieder begegnet, indem sie uns sein Wort anbietet, seine Heilung, sein Verzeihen, seine Liebe – besonders in den Sakramenten.

So werden die Kinder die Hl. Messe besonders lieben lernen, die sie als eine Begegnung mit jenem Jesus betrachten, der sein Leben für jeden von uns hingegeben hat, und der weiterhin seine Hände am Kreuz ausbreitet, um uns zu umarmen, zu verzeihen und uns seine Liebe mitzuteilen. Die Kinder fühlen sich daher angespornt, an der Eucharistischen Feier teilzunehmen, um seiner großen Liebe zu antworten, um ihn um Verzeihung zu bitten, ihm zu danken, ihn um Hilfe zu bitten, zu loben und anzubeten.

Sobald die Kinder alt genug sind, kann man ihnen die wichtigsten Gebete beibringen, wobei man ihnen die Bedeutung jedes Satzes erklären muss. Darüber hinaus soll man ihnen helfen, mit Andacht zu beten – gesammelt und von Herzen. Wenn sie älter sind, kann man ihnen zeigen, wie man sich auch mit eigenen Worten an Gott wenden kann, um seine Stimme im stillen Gebet – im Verborgenen des eigenen Herzens – zu hören.

Es ist auch gut, die Kinder anzuleiten, sich mit großem Vertrauen an die Gottesmutter und den eigenen Schutzengel zu wenden. Man soll auch vom Himmel sprechen, vom Fegefeuer, aber auch vom Teufel und von der Hölle. Die Erklärung soll vorher überlegt sein, so dass es das Kind richtig versteht, und nicht an der Güte Gottes und an seinem Erbarmen zweifelt. Man soll auch darauf achten, den Herrn nicht als furchteinflössendes „Erziehungsmittel" zu benutzen, indem man z.B. sagt: „Siehst du, du hast nicht gehorcht, deswegen hat dich Gott jetzt bestraft."

Ein Ereignis von besonderer Wichtigkeit im Leben eines Kindes ist neben der ersten Hl. Kommunion und der Firmung die erste Hl. Beichte, die ja vor der Erstkommunion abgelegt wird. Man soll alles vermeiden, was Angst vor der Beichte erregen könnte und vielmehr die Schönheit jener Begegnung mit dem erbarmungsvollen Jesus aufzeigen, der uns verzeiht, uns mit seinem Blut reinigt und mit seiner Gnade stärkt; die Mutter könnte auch dem Kind diskret helfen, seine Gewissenserforschung zu machen.

c. Erziehung dem jeweiligen Alter entsprechend

In der Entwicklung des Kindes kann man drei verschiedene Abschnitte unterscheiden, die wir nun einzeln durchgehen werden.

Die ersten Jahre des Kindes

Die Erziehung des Kindes beginnt schon bei der Geburt und nach neuesten Studien schon im Mutterleib, wo das Kind bereits den Gemüts- und Seelenzustand der Mutter verspürt und dadurch auch beeinflusst wird. Schneller als man es glaubt begreift das Kind viele verschiedene Dinge, vor allem die Zuneigung, mit der es angenommen wird. Die ersten Monate und Lebensjahre sind deshalb sehr entscheidend für die Entwicklung seines Charakters und seiner Persönlichkeit.

Im ersten Lebensabschnitt neigt das Kind besonders dazu, alles auszuprobieren, zu erforschen und sich mitzuteilen. Es ist ein Lebensdrang, der ihm zur Entfaltung seiner Funktionen und zum Erlangen seiner menschlichen Reife verhilft. Dazu braucht es seitens der Eltern viel Geduld. Gewiss ist es für die Mutter einfacher, das Kind selber zu füttern, zu waschen und anzukleiden. Man spart dadurch Zeit und vermeidet verschiedenste Unannehmlichkeiten, die dadurch entstehen, dass man das Kind selber handeln lässt. Der große Nachteil ist aber, dass man so die Initiative, die Autonomie und das Selbstwertgefühl des Kindes hemmt und dabei seine Faulheit fördert. Indem wir ihm bei der Ausübung der praktischen Fähigkeiten, die für das Kind notwendig sind, zu viele Grenzen setzen, erzeugen wir in ihm Groll, Aggressivität und Unsicherheit, manchmal auch die Verweigerung, erwachsen werden zu wollen.

Die Erzieher müssen es verstehen, sich selbst ein wenig zurückzustellen, um im Kind den Wunsch und die Freude zu wecken, sich aktiv und nützlich zu fühlen. Man braucht keine Angst zu haben, wenn das Kind weint; es ist nicht notwendig, es sofort auf den Arm zu nehmen und zu liebkosen. Das Weinen ist Teil der menschlichen Sprache und muss von Fall zu Fall interpretiert werden. Es kann sich um ein Unwohlsein handeln, um Hunger, Durst, aber auch um Ungeduld, Traurigkeit, Zorn oder ganz einfach um Launen.

Es ist Aufgabe der Eltern, dem Kind zu helfen, schön langsam aus seinem natürlichen Egozentrismus herauszuwachsen. Manchmal müssen sie die aufdringlichen Bitten ertragen und die Erfüllung seiner Wünsche hinauszögern, um es nicht zu einer chronischen Unzufriedenheit zu erziehen.

Die Beziehung zwischen Mutter und Kind ist in den ersten Jahren eine Idylle von Zärtlichkeit, die jedes Kind im besonderen Maß auch für seine physische Gesundheit notwendig hat; aber sobald das Kind heranwächst, ist es notwendig, dass die Beziehung sich weiterentwickelt. Manchmal ist es auch die Mutter, die in Schmeicheleien, in Küssen und Zärtlichkeiten unersättlich ist (nicht selten auch als Entschädigung für eine mangelnde Zuneigung von Seiten des Ehegatten). Im allgemeinen sind die Kinder, die sich nicht von der Mutter lösen können, auch jene, die sich nicht ausreichend geliebt wissen, die aber gleichzeitig merken, wie die Mutter von ihnen abhängig ist und sie deshalb tyrannisieren.

Bis zum Alter von zweieinhalb Jahren ist der Gehorsam für das Kind etwas Natürliches. Ohne zu übertreiben, sollten wir im Kind gesunde Automatismen heranerziehen, welche die Bildung eines gesunden Charakters erleichtern.

Die ersten Schuljahre

Der Eintritt in den Kindergarten oder in die Schule kann in manchen Fällen ein sehr entscheidender Augenblick im Leben eines Kindes sein. Manchmal ist es ein erschütterndes Ereignis, das einen eher negativen Einfluss auf den zukünftigen schulischen Erfolg haben kann. Nicht selten betrachten die Eltern den Schulbeginn ihrer Kinder so, als würden sie fast eine Karriere beginnen. Das Kind hat dann das Gefühl, sein bisher unangefochtenes, kindliches Reich verlassen zu müssen. Das kann zu einer Verweigerung führen – offen oder unbewusst –, das sich als scheinbare Zurückgebliebenheit oder Lernunfähigkeit tarnt.

Daher ist es empfehlenswert, mit den Kindern über den Schulbeginn zu sprechen, ohne daraus ein übertriebenes Ereignis zu machen; vielmehr sollen die Kinder die Schule mit Freude und Neugier ersehnen dürfen.

Sicher ist es nicht richtig, die Schule als Drohmittel zu verwenden, um das Kind zu bessern, indem man z.B. sagt: „Ich möchte dich mal sehen, wenn du zur Schule gehst. Die werden dir das Benehmen schon beibringen!" Es wäre gut, die Schule gemeinsam mit dem Kind kennenzulernen, seine Aufregung mitzuerleben und zu teilen. Wichtig ist auch – je nach Möglichkeiten der Familie – die Wahl der Schule. Die Eltern sollten eine Schule finden, in der ein christliches Klima herrscht und die menschliche und geistige Entwicklung des Kindes gefördert wird, ohne aber zu vergessen, dass eine noch so christliche Schule die Eltern in ihrer erzieherischen Aufgabe nicht ersetzen kann.

Die Pubertät

An dem Tag, an welchem das so liebe, zärtliche, sympathische, brave und verständnisvolle Kind störrisch wird, rebelliert, widersprüchlich und unerträglich wird, sollte man nicht erschrecken. Man sollte es weder fragen, warum es sich so benimmt, noch sollte man es verachten, noch mit ihm zum Arzt gehen. Man sollte sich bloß klar machen, dass soeben die Pubertät begonnen hat, eine kritische Zeit – vor allem für die Eltern, aber auch für den Jugendlichen, eine Zeit der Faszination und des Unbehagens, der Erwartungen und Unsicherheiten, der Träume und Ängste. Vor allem darf man nicht vergessen, dass jeder Junge und jedes Mädchen das Recht darauf hat, in die Pubertät zu kommen, so wie auch wir einmal diese Zeit erlebt haben.

Die Veränderung, die sich in jenen Jahren abspielt, zeigt sich – wie in jedem Stadium der Entwicklung – sowohl körperlich als auch geistig. Man könnte sagen, dass man sich in diesem Alter bewusst wird, dass man eine Person ist; man entdeckt und erforscht die eigene Intimität mit Faszination und zugleich mit Angst, da man sich in ein noch unbekanntes Gebiet vorwagt. Dieses Gebiet ist die eigene Persönlichkeit. Hier zeigt der Jugendliche ein besonderes Interesse sich selbst gegenüber, das zuweilen wie Egoismus oder Narzissmus aussehen kann.

Die Jugendzeit beginnt mit elf oder zwölf Jahren für die Mädchen, und ein bis zwei Jahre später für die Burschen, und dauert ungefähr zwei bis drei Jahre. In diesem Alter scheint das fröhliche Gleichgewicht, das man im Alter von zehn Jahren erreicht hat, zu verschwinden und sich in eine ungestüme Zeit zu verwandeln. Der Sohn ist kein Kind mehr, aber in mancher Hinsicht ist er es doch noch. Er selbst möchte es nicht mehr sein, aber manchmal verspürt er noch Sehnsucht danach. Er ist aber auch noch kein Erwachsener, auch wenn er das gerne sein möchte und eigentlich noch Angst davor hat.

Es ist eine Krise der Emanzipation. Der Jugendliche möchte nicht mehr dieses Kind sein, das die Seinigen bisher gekannt haben, aber er möchte auch kein Erwachsener sein wie jene Vorbilder, die er hat; er möchte nicht so sein, wie man es möchte und auch nicht, wie er es fürchtet zu sein. Deswegen versucht er vor allem „nicht zu sein". Der Poet E. Montale hat diesen Seelenzustand so beschrieben: „Heute können wir dir nur sagen, was wir nicht sind und was wir nicht wollen."

Der Geist des Widerspruches ist für den Jugendlichen vorläufig die einzige Art und Weise, etwas ganz Neues zu sein – etwas, was er auch noch nicht genau weiß. Er erträgt es nicht, dass man ihm einen Rat gibt, dass man ihn etwas von Schule fragt, dass man ein Urteil über sein Verhalten fällt, denn in allem fühlt er die Gefahr, als irgendjemand definiert zu werden. Er aber möchte undefinierbar bleiben. Typisch für sein Alter sind der launenhafte Humor und seine leichte Reizbarkeit. Die äußeren Zeichen von Zuneigung scheinen ihn zu stören, aber auf der anderen Seite ist er sehr empfindlich, wenn man sich ihm gegenüber unaufmerksam oder gleichgültig zeigt. Er verteidigt sich gegen seine eigene Empfindlichkeit und dem Bedürfnis nach Zärtlichkeit, indem er Härte und Zynismus vortäuscht. Es ist nicht mehr das Alter der großartigen Freundschaften, sondern das Alter, in dem man sich in Gruppen zusammenfindet. Es scheint, dass sich der Jugendliche nur unter Gleichgesinnten wohlfühlt.

Wie soll man sich nun einem Jugendlichen gegenüber verhalten, um zusammen mit ihm diese Zeit durchzumachen? Vor allem mit einer größeren Reife als er. Wenn der Bursche oder das Mädchen sich zu ändern beginnt, kommen die Eltern nicht umhin, sich ebenfalls zu ändern. Wenn der Jugendliche nicht mehr mit ihnen ausgehen will und sich verschließt, sollten die Eltern etwas zurücktreten, vor allem aber sollte man ihm nicht vorwerfen, dass er nicht mehr so lieb und zärtlich ist, wie er es als Kleinkind war. Man soll sich weiter um ihn sorgen, aber ohne den Eindruck zu erwecken, dass man ihn überwache und um seine Zuneigung bettle. Es ist ganz normal, dass er nicht zu seinen Eltern geht, um sich auszusprechen, und es ist unnütz, ihm zu sagen, dass Vater und Mutter seine besten Freunde seien und dass er sich bei ihnen aussprechen solle.

Man sollte hingegen selbst die Gelegenheiten suchen, um mit ihm zu sprechen und Vertrauen zu erwecken, ohne dass er sich dazu gezwungen fühlt. Der ehrliche Wunsch nach Unabhängigkeit, der im Jugendlichen heranwächst, sollte dankbar – ohne Angst – angenommen und bestärkt werden, aber ohne Unabhängigkeit mit fehlender Bindung zu verwechseln.

Für den Jugendlichen ist es wichtig zu spüren, dass man ihm vertraut und ihn schätzt. Die Eltern sollten es vermeiden, hinter seiner Art und Weise immer eine böswillige Absicht zu sehen (z.B. indem sie sagen „Das tust du nur aus Bosheit"). Eine andere Haltung, die man vermeiden sollte, ist der Versuch, die Ursachen seiner Unsicherheit oder seiner Beunruhigung zu beseitigen, indem man ihm all seine Probleme lösen möchte. Oft bedeutet diese unnötige Hilfe eine Einschränkung und eine Demütigung für den, der sie empfängt. Man fördert dabei das Gefühl des Unvermögens, anstatt ihm zu erlauben, aus persönlichen Erfahrungen zu lernen. Wenn man es geeignet findet, ihm Hilfe anzubieten, soll sich der Jugendliche dabei mitverantwortlich fühlen und gemeinsam mit seinen Eltern eine Lösung suchen.

d. Anregungen kurz gefasst

Zeit für Kinder: Man soll Zeit finden, um mit den Kindern zu spielen oder zu plaudern, sich für ihre Dinge zu interessieren, auch wenn das manchmal bedeutet, auf die eigene Bequemlichkeit zu verzichten, oder etwas von seiner Zeit zu opfern, die man sonst der Arbeit oder einem Hobby widmen könnte.

Vorbild sein: Selber das leben, was man von den Kindern fordert, indem man sich daran erinnert, dass das eigene Beispiel die beste Predigt ist. Das bedeutet mäßigen Fernsehgebrauch, nicht schlecht über andere sprechen, ehrlich sein, ordentlich, pünktlich, usw.

Respekt vor dem Vater und der Mutter: Man kann das Ansehen des Ehepartners fördern, indem man den Kindern hilft, seine Tugenden zu entdecken und es in Gegenwart der Kinder vermeidet, dem Ehegatten zu widersprechen oder ihm Vorwürfe zu machen. Wenn sie gesehen haben, wie man gestritten hat, sollen sie auch sehen, wie man sich wieder versöhnt.

Kinder ermutigen: Wenn das Kind in einen Fehler zurückfällt, ermuntert man es mit Worten und hält ihm nicht seine Schwächen vor.

Konsequentes Handeln: Man sollte den Launen des Kindes nicht nachgeben, sondern frohen Sinnes darauf warten, bis seine Widerspenstigkeit vergeht. Es ist zwar angebracht Gehorsam zu fordern, aber auch seine Anweisungen in einem liebenswürdigen und freundlichen Ton zu geben.

Autorität ist hilfreich: Autorität auszuüben hat nichts mit Machtstreben zu tun. Eine begründete Autorität ist ein Dienst, der auf Wertschätzung beruht.

Eigenständige Kinder: Es ist gut, den Unternehmungsgeist des Kindes zu fördern und es selbst handeln zu lassen, auch wenn es dadurch in Schwierigkeiten gerät.

Vertrauen ist besser als Misstrauen: Man muss den Kindern Vertrauen schenken, auch wenn man vielleicht einmal hintergangen wird.

Wenige „Neins": Wenn es notwendig ist, muss man auch „Nein" sagen können, aber es auch erklären; unangebracht sind unnötig viele „Neins". Man sollte die Verbote auf die wirklich wichtigen Dinge beschränken. Wenn man der Bitte eines Kindes nicht zustimmen möchte, aber selbst die Gründe für das „Nein" noch nicht ganz durchdacht hat, kann man einfach sagen, dass man noch etwas über das Anliegen nachdenken will.

Der Sinn der Strafe: Manchmal muss man auch bestrafen – aber mit Maß –, ohne unfreundlich, nervös oder zornig zu werden. Die Strafen dürfen kein Ausbruch von Zorn oder schlechter Laune sein. Es ist wichtig, vorher zu überlegen und erst dann die Strafe zu geben.

Körperliche Strafen: Ohrfeigen und Schläge demütigen die Kinder und sind keine geeigneten Strafen. Eltern können andere Wege für eine konsequente Erziehung finden.

Zurechtweisungen: Wenn man mit einem Kind schimpfen muss, soll man es auf klare, gerechte und kurze Weise tun. Heftigkeit, Drohungen und Beleidigungen sind immer unangebracht.

Verstehen und Verständnis: Man sollte sich nicht nur darauf beschränken, die Kinder zurechtzuweisen oder ihnen Ratschläge zu geben, sondern ihnen mit Geduld, Wohlwollen und Interesse zuhören. So wird man eher die Gründe verstehen für ihre Schwierigkeiten, Enttäuschungen und traurigen Stimmungen, wie auch für ihre Fehler und schlechten Gewohnheiten.

Mitwirkung der Kinder: Man muss die Kinder ihrem Alter entsprechend in die familiären Entscheidungen mit einbeziehen, indem man sie dazu anleitet, Vorschläge für das Wohl der Familie zu machen. Vorschläge der Kinder sollte man ernst nehmen und sich bemühen zu entdecken und zu schätzen, was gut an ihren Ideen ist.

Mitarbeit in der Familie: Kinder können in der Familie Aufgaben übernehmen, entsprechend ihrem Alter und ihren Fähigkeiten. So lernen sie, Verantwortung zu tragen, sich einzusetzen und sind froh, zur Familie zu gehören. Man sollte mit materiellen Belohnungen sehr zurückhaltend sein, damit die Kinder nicht des Lohnes wegen Gutes tun. Die Kinder sollten vielmehr die Freude spüren, wenn sie etwas Gutes getan haben.

Konsum und Freiheit: Kindern können den Wert gewisser Verzichte entdecken. Wer der Werbung gegenüber kritisch ist und sich bewusst für oder gegen einen Konsum entscheiden kann, ist freier und auf Dauer auch glücklicher.

Nachwort

Wenn sich Braut und Bräutigam bei der Hochzeit das Sakrament der Ehe spenden, ist das ein bewegender Augenblick: Zwei verschiedene Lebenswege verschmelzen zu einem einzigen. Das Ja zum Du ist ein Ja ohne jeden Vorbehalt. Nach „reiflicher Überlegung" und „guter Vorbereitung" entscheiden sich beide „in völliger Freiheit" für ihren gemeinsamen Lebensweg. Sie machen besonders hohen Gebrauch von ihrer Freiheit, wenn sie sich gegenseitig die lebenslange Treue versprechen.

Vor der Ehe sind viele Fragen zu bedenken und zu beantworten. Eine sorgfältige Vorbereitung auf das Abenteuer „Ehe und Familie" ist ungemein wichtig für das Gelingen und das Glück. Am Tag der Hochzeit müssen die Ehepartner bereits wissen, wie man den gemeinsamen Weg bespricht, gestaltet und lebt. Da brauchen sie Klugheit und Geduld, Phantasie und Lernbereitschaft.

Für das christliche Bewusstsein ist die Ehe nicht nur ein menschlicher Bund fürs Leben, sondern eine echte Berufung. Gott bestimmt zwei Menschen füreinander und führt sie zusammen. Es kommt auf beide an, wenn es darum geht dieser Bestimmung gerecht zu werden und daraus eine Liebesgeschichte zu machen.

Täglich sollten sich beide daran erinnern, dass sie geheiratet haben, um sich zu lieben. Diese Liebe wird konkret in vielen großen und kleinen Entscheidungen. Beide Partner sollten sich immer wieder ein Leitmotiv in Erinnerung rufen, das da lautet: „Ich liebe dich heute mehr als gestern und will dich morgen mehr lieben als heute."

So werden Ehe und Familie zu einer Gabe und Aufgabe, die allen Brautleuten angeboten und gestellt werden, zu einem Abenteuer im besten Sinne des Wortes, zu einem Weg der Freude, Geborgenheit und Wärme. Sie bilden die Grundlage für menschliche Beziehungen von einer Tiefe, wie man sie sonst nie erfahren würde. Und das ist zweifellos etwas vom Wertvollsten, was man auf Erden finden kann.

Allein schon aus diesem Grund wünschen die Autoren dieses Buches allen Brautpaaren und allen, die sie auf die Ehe vorbereiten und sie später begleiten, einen so sportlichen Schwung, dass sie alle Hindernisse zu überwinden wissen!

Texte des Lehramtes zum Thema dieses Buches

Allgemeine Fragen über die Ehe:

JOHANNES PAUL II., *Apostolisches Schreiben. Über die Aufgaben der christlichen Familie in der Welt von heute (Familiaris consortio)*, 1981.

JOHANNES PAUL II., *Brief an die Familie*, 1994.

PÄPSTLICHER RAT FÜR DIE FAMILIE, *Vorbereitung auf das Ehesakrament*, 1996.

Über die Natürliche Empfängnisregelung:

PAUL VI., Enzyklika *Humanae vitae* (über die Empfängnisregelung), 1968.

JOHANNES PAUL II., Enzyklika *Evangelium vitae* (über den Wert und die Unantastbarkeit des menschlichen Lebens), 1995.

GLAUBENSKONGREGATION, *Anweisung über die Achtung des menschlichen Lebens und der Zeugung (Donum vitae)*, 1987.

Über die Sexualerziehung:

PÄPSTLICHER RAT FÜR DIE FAMILIE, *Menschliche Sexualität: Wahrheit und Bedeutung. Orientierungshilfen für die Erziehung in der Familie*, 1995.

Über die Spiritualität der Ehegatten:

PÄPSTLICHER RAT FÜR DIE FAMILIE, *Sakramentalität und Spiritualität der Ehe*, 1989.

Inhaltsverzeichnis

Vorwort von Kardinal Alfonso López Trujillo 3

Einführung 7

I. Ehevorbereitung 9
   1. Die menschliche Liebe
      a. Die Liebe als Gefühl
      b. Die Liebe als Hingabe 10
      c. Die eheliche Liebe: eine Liebe, die den ganzen Menschen
         mit einbindet 11
      d. Freie Liebe und Ehe 13
   2. Die Zeit der Verlobung: eine kostbare Zeit 17
      a. Die Verlobungszeit verantwortungsvoll leben
      b. Wie lange soll die Verlobung dauern? 20
      c. Wie kann man ein „Nein" gegenüber vorehelichen
         Beziehungen begründen? 21
   3. Heiraten heißt „Ja" sagen 25
      a. ... zu einer treuen Liebe (Ausschließlichkeit der Ehe)
      b. ... zu einer Liebe für immer (Unauflöslichkeit der Ehe) ... 27
      c. ... zu einer fruchtbaren Liebe (Zeugung und Erziehung der
         Kinder) 28
   4. Christus lehrt uns, die Ehe in ihrer Fülle zu leben 33
      a. Am Ursprung der Liebe
      b. Die Ehe als Sakrament 36

    c. Körpersprache und entsprechende moralische
       Forderungen 37
    d. Die Familie: die Haus-Kirche 40
    e. Die Ehe: ein Weg der Heiligung 43

5. Warum gibt es so viele gescheiterte Ehen? 45
    a. Ehen, die auf Sand gebaut sind
    b. Zehn falsche Heiratsgründe 49

6. Die Hochzeitsfeier 53
    a. In der Kirche heiraten – soziale Gepflogenheit oder
       Glaubensentscheidung?
    b. Der Sinn der liturgischen Feier 54
    c. Der Ablauf der Feier 55
    d. Der Ritus der Hochzeit 57

II. Impulse der ständigen Erneuerung der Ehe 61

7. Wie die Liebe zwischen den Eheleuten erhalten und gestärkt wird
    a. Das tägliche Bemühen um die gegenseitige Liebe
    b. Ratschläge für die Ehefrauen 64
    c. Ratschläge für die Ehemänner 65

8. Die Kommunikation zwischen den Ehepartnern 67
    a. Wann und weshalb bricht die Kommunikation ab? 72
    b. Tips für die Kommunikation 74
    c. Man muss streiten lernen 80

9. Die Tugenden des Ehelebens 83
    a. Liebe den Ehegatten trotz seiner Fehler
    b. Man kann auch versuchen, sich dem anderen anzupassen 84
    c. Die kleinen Dinge, die für das Zusammenleben so wichtig
       sind 86

    d. Entscheidungen gemeinsam treffen und dazu stehen 87
    e. Die Entwicklung der ehelichen Beziehung 88

10. Sexualität, Liebe und Phantasie 91
    a. Den ehelichen Verkehr liebevoll gestalten 92
    b. Einfühlungsvermögen und Zärtlichkeit gehören zum Liebesgespräch 94
    c. Der eheliche Akt darf nicht zu etwas Banalem werden ... 96
    d. Die Natürliche Empfängnisregelung 98

11. Und wenn die Ehekrise kommt? 103
    a. Wie soll man sich in der Krise verhalten?
    b. Die Überwindung der Krise 104
    c. Und wenn der Partner untreu wird? 106
    d. Gescheiterte Ehen und nichtige Ehen 108

12. Die Herausforderung der Kindererziehung 111
    a. Allgemeine Prinzipien 112
    b. Verschiedene Aspekte der Erziehung 117
    c. Erziehung dem jeweiligen Alter entsprechend 127
    d. Anregungen kurz gefasst 132

Nachwort 135

Texte des Lehramtes zum Thema dieses Buches 136

Inhaltsverzeichnis 137